真の平和に向けて

沖縄の未来と日本の国家戦略

大川隆法
RYUHO OKAWA

まえがき

吉田松陰《よしだしょういん》のみならず、私・大川隆法もまた激誠《げきせい》の人である。赤心《せきしん》をもって事にあたること、人後《じんご》に落ちることはない。

正論のみで貫《つらぬ》き通し、知行合一《ちこうごういつ》を座右《ざゆう》の銘《めい》とすると、同時代人からは、行きすぎた過激《かげき》な言動を常《つね》としている人だと思われるだろう。それでも仕方《しかた》ない。言うべきことは言う。

昭和天皇はご生前、戦後の沖縄の人々に会えないでおられたことを残念に思っておられた。御魂《みたま》として、沖縄の地でその旨《むね》を私に伝えて来られた。昭和天皇の御心《みこころ》を受けて、本説法はなされた。首相官邸は断じて迷走《めいそう》してはならない。日本の戦後は終わった。新しい未来を創造しなくてはならない。私は輝ける国・日本を創り、沖縄を二度と植民地にはさせないつもりである。救世主《きゅうせいしゅ》の声を信じるがよい。

二〇一五年　四月二十二日

幸福《こうふく》の科学《かがく》グループ創始者兼総裁《そうししゃけんそうさい》　大川隆法《おおかわりゅうほう》

真の平和に向けて　目次

まえがき　3

第1章　真の平和に向けて

二〇一五年四月十九日　説法《せっぽう》
沖縄《おきなわ》県・幸福の科学 沖縄正心館《しょうしんかん》にて

1　普天間《ふてんま》基地移設反対運動に見る数多くの疑問点　14
辺野古《へのこ》の基地移転用地を視察して感じたこと　14
「沖縄の総意」という言葉に感じる矛盾《むじゅん》　20

東京からは分かりにくくなってきている「沖縄の動き」 23
米軍基地に関してのマスコミ報道に見る「偏向《へんこう》」 25

2 先の戦争を総決算し、「二度目の冷戦」に備えよ 30
法話《ほうわ》の前夜に訪ねてこられた昭和天皇の御魂《みたま》 30
沖縄について、昭和天皇の御魂から託《たく》されたこととは 33
東アジアに「二度目の冷戦」が迫《せま》っている 35
中国とフィリピンとの間に高まる「戦争の危機」 39

3 日本を取り巻く厳しい国際情勢 43
地政学的には、日本の死命を決する地域である「沖縄」 43
「ＡＩＩＢ《エイアイアイビー》設立」に秘《ひ》められた中国の思惑《おもわく》 45

日本のシーレーンを止《と》められると、
石油の八割が入ってこなくなる　47
「石油の輸送」と「原子力発電」が止まると日本はどうなるか　50

4　日本に今、求められる「戦略眼」とは　55

今の宗教は「左翼《さよく》」に分類されるところが非常に多い　55
宗教として時に厳しく言わねばならないこともある　58
損な役割と知りつつ、直言《ちょくげん》し続けてきた幸福の科学　60

5　先の戦争で日本は「植民地解放」をさせた　65

現代人が日本軍人への誇《ほこ》りを持つことが「供養《くよう》」となる　65
先の大戦での「日本の戦い」が持つ大きな意義　68

本土を護《まも》り、植民地をなくした「三つの戦い」 71
「無駄死《むだじ》に」に見えても
日本政府を動かしている幸福実現党の戦い 74
「沖縄での講演会」の要請《ようせい》に来た、首相と官房長官《かんぼうちょうかん》の守護霊《しゅごれい》 78

6 これからの「世界の正義」を決めるもの 83

「現状維持即平和《いじそく》」は間違《まちが》い 83
沖縄戦は、世界の「人種差別撤廃《てっぱい》」の流れにもつながった 86
「未来の平和」をつくり出す戦いを、やめることはない 89

第2章　質疑応答

二〇一五年四月十九日
沖縄県・幸福の科学 沖縄正心館にて

1 「世界の正義」のために日本がすべきこととは 96
「中国の繁栄《はんえい》に乗っかって発展しよう」というのは幻想《げんそう》 97
沖縄を二度と植民地にはさせない 101
沖縄米軍基地への反対者は、軍備拡張をする国にも抗議《こうぎ》すべき 103

「世界の模範生《もはんせい》」である日本に、多くの国が助けを求めている 106
日本人は、言うべきことを言わなければならない 109
アメリカは「中国を肥大化させたこと」への反省を 112
戦後の宰相《さいしょう》のなかでは頑張《がんば》りを見せている安倍《あべ》首相 115
キリスト教徒同士が戦い合ったヨーロッパ戦線 118
「沖縄が中国の一部」ということは絶対にありえない 120

2 「創造する革新運動」を推《お》し進めるマスコミ改革について

123
日本のラジオ・テレビには、実際上「報道の自由」がない 124
放送事業を推し進めるには「勇気」と「言論の中身」が要《い》る 126
新聞広告にも〝圧力〟がかかることがある 129

沖縄の新聞に
「某《ぼう》知事の守護霊霊言《れいげん》」の広告が載《の》らなかった理由　133
沖縄では「霊界《れいかい》通信」は当たり前のこと　135
昭和天皇の霊言等に見る、幸福の科学の政治的な影響力　137
「新しい保守」とは「創造する革新運動」　142
何と言われようと、霊界は確実に存在する　144
正しい者は強くなければいけない　147

あとがき　152

第1章

真の平和に向けて

二〇一五年四月十九日　説法《せっぽう》

沖縄《おきなわ》県・幸福の科学　沖縄正心館《しょうしんかん》にて

1　普天間《ふてんま》基地移設反対運動に見る数多くの疑問点

辺野古《へのこ》の基地移転用地を視察して感じたこと

沖縄《おきなわ》のみなさん、こんにちは。そして、ありがとうございます。温かく迎《むか》えていただきまして、まことにうれしく思います。また、以前と変わらず応援《おうえん》してくださって、ありがたく思っています。

ただ、何か沖縄へ来るのが、だんだん〝戦闘《せんとう》モード〟になり（笑）（会場笑）、厳しくなってきました。以前は保養に来れたのですが、最近は、もはやそういう感じではなくなり、〝戦場化〟しつつある今日このごろであるため、なかなか大変です。

また、みなさん一人ひとりの考え方も、いろいろおありでしょうから、私としても、話をするのは非常に難しい点に差し掛《か》かっているとは思います。

最近は、特に政治問題が多く、宗教の場合は、「心の話」「魂《たましい》の話」として納得《なっとく》がいったとしても、政治の話になると、いろいろな意見が乱立するでしょう。「まあ、そうは言いましても……」といった考えは、たくさんあるわけです。

そういうなかで、家族のなかや、親族、友人、あるいは、会社等で意見が合わず、何かと口論《こうろん》になるような機会も多くなっているのではないかと、私も心配しています。

さて、昨日《さくじつ》(二〇一五年四月十八日)、沖縄に入りまして、辺野古《へのこ》の基地移転用地を視察してまいりました(次ページ写真)。

反対派ばかりで、推進派のほうも小さなプレハブのような基地を持ってはいたものの、なぜか人がいなかったような感じでした。

また、反対派ばかりだったので、車から直《じか》に降りにくい状態ではありました。そして、驚《おどろ》いたことに、彼らはカヌーを漕《こ》いで海に出ていたのです。フェンスの周りのところ、要するに、海底をボーリングする地域の周りに、

本講演の前日の2015年4月18日、沖縄県・辺野古を現地視察。
(写真上)沖合にはボーリング調査の作業船が見える(円内)。
(写真下)近辺には基地移転反対の看板も。

カヌーを漕いで〝出撃《しゅつげき》〟し、何度もグルグル回っているわけです。そうやって、テントのところから出ていました。ともかく、カヌーには参ったものの、「なるほど」とは思いました。本土の方はご存じないと思うので、いちおう私のほうからお伝えしておきます。

それで、今朝の新聞を読んだところ、「昨日《きのう》の午前十一時ごろ、カヌーで出た人が、十人ぐらい、一時《いちじ》拘束《こうそく》された」と書いてありました。私が行ったのは午後ですから、そのあとでしょうけれども、応援部隊がどんどん来るのです。そこで、「いったいどこから出てくるのか」と思って見ていたところ、バスが到着《とうちゃく》し、そのなかから出てくるわけです。それは、埼玉《さいたま》県の大宮《おおみや》から来た労働組合の方々でした。

「これは沖縄の人たちではないじゃないか。埼玉から来ているのか」と、やや驚いたのですが、「おそらく、これは、経済産業省の前でテントを張ったり、内閣府や国会周辺でデモをしたりしている人たちと同じ人たちが来ているのだろう」と思ったのです。テントのつくり方も、経産省前のものとほとんどそっくりでしたので、おそらく同じような人たちだと思います。

脱原発を訴える“市民グループ”が、2011 年 9 月から経済産業省敷地内を不法占拠してテントを張り、抗議活動を継続。2015 年 2 月には、東京地裁がテントの撤去と土地使用料 1140 万円の支払いを命じる判決を出した。

「沖縄《おきなわ》の総意」という言葉に感じる矛盾《むじゅん》

その点に関して、私は申し上げたいのですが、さまざまな意見があって構わないとは思うものの、やはり「沖縄《おきなわ》の民意」とか「総意」とか言う以上、「他県からたくさん応援を呼んで、その他県の左翼《さよく》の人たちが、『沖縄の民意』であるかのように言い、それをテレビ等のいろいろなものでＰＲしたり、新聞に載《の》せたりするのは、卑怯《ひきょう》ではないか」と思うのです。

もちろん、「沖縄の民意はどうなのか」ということは、はっきりしたほうがよいけれども、投票の結果を見るかぎり、「五十数パーセント対四

●沖縄の民意　2014年11月の沖縄県知事選挙では、移設反対は「沖縄の民意」で「オール沖縄」の戦いだと訴えた前那覇市長・翁長雄志氏が移設容認派を破ったが、翁長氏の得票率51.7%に対し、基地推進に前向きな保守系候補者2名の得票率は47.2%と、僅差だった。

十数パーセント」ぐらいで割れていることが分かるわけです。それを、他県から来て、「オール沖縄」とか、「沖縄の総意」とかいう言葉を何度も使いつつ、カヌーに乗らなくてもよいのではないでしょうか。

そこまでして、地元でやっているように見せるのは、やはり、正直ではない感じがします。

要するに、場所はどこでもよいのでしょう。左翼には、「反政府運動」をやりたい人がたくさんいるので、原発のあるところに行ったり、沖縄に行ったり、オスプレイのところに行ったりと、いろいろな場所に〝出撃〟しているのだと思います。

ただ、意見を言うのであれば、正々堂々と言ったらよいと思うのです。

「こういう感じで潜《もぐ》り込《こ》んでやるのは、どうなのか」と私は感じました。これが、残念な気がした第一点です。

また、平和な感じであれば、彼らの話を聞いてみようかと思ったのですが、運転手さんが「出ないでください。私も、車から離《はな》れたら、車が危ないので、出られません」と言うのです。それで、「しょうがないかな」と思いつつ、帰り道で写真をたくさん撮《と》りましたが、これも、やや納得のいかない面はありました。

また、「(反対派の人々は)沖縄の言葉で語りかけたら、(理解できずに)返事ができない人がほとんどだ」ということも聞きました。

東京からは分かりにくくなってきている「沖縄《おきなわ》の動き」

もともとは、辺野古が産業のないところであるため、誘致《ゆうち》運動もあって、（普天間《ふてんま》基地の）移転先に決まったはずなのです。非常にさびれており、何か欲《ほ》しいということで誘致運動があったわけです。

また、辺野古移転工事等では、五千億円もの予算を見込んでやっているので、これがなくなったら、巨額《きょがく》の損害が出るでしょう。本当に、「五千億円が丸ごとなくなっても構わない」という決意の下《もと》に交渉《こうしょう》しているのかどうかについては、やはり気になるところです。

前知事（仲井眞弘多《なかいまひろかず》氏）の任期の最後のほうで、安倍《あべ》首相が、「毎年三千億円以上の特別予算を組み、二〇二一年まで支援を続けます」というところまで譲歩《じょうほ》して承認したものを、また引っ繰《く》り返しているのですが、東京のほうから見ると、分かりにくいところが数多くあります。

もともと沖縄《おきなわ》では、「左翼系の人が反対運動をやり、保守系の人が、『まあ、まあ』と言いながら、東京と交渉して予算を引っ張ってくる」という構図が出来上がっていました。ところが、保守系の人が、「反対運動」と「お金を引いてくること」と、両方を同時にやり始めたので、非常に分かりにくくなってきているのです。

真意は、いったい、どういうところにあるのかが分かりにくくなっており、東京辺りにいる人たちも、今、少し理解しにくくなってきました。本当は何を目指しているのかが、分からない状況《じょうきょう》になってきているわけです。

いずれにせよ、「本土から左翼系の活動家がたくさん入ってきて、やっていながら、知事には『沖縄の民意』とか『オール沖縄』とかいう言葉を安易に使っていただきたくない」という気持ちは持っています。

米軍基地に関してのマスコミ報道に見る「偏向《へんこう》」

もちろん、「外国の軍隊が駐留《ちゅうりゅう》しているということは、それほどうれしいことではない」ということぐらい、私にも分かります。ただ、東京のほ

米軍「普天間基地」問題の略年表

年	普天間基地の移設をめぐる出来事
	1945年の沖縄戦の最中、現在の宜野湾市一帯をアメリカ軍が支配し、現在の普天間基地を建設。1972年5月に沖縄が日本に返還された後も、日米安保条約に基づいて、基地のための土地が提供されてきた。
1969年	基地周辺に住人が増え始め、宜野湾市立普天間第二小学校が開校。普天間基地の近くにあるため、安全性を確保すべくこれまでに2度移設計画が持ち上がったが、基地反対派の抵抗で頓挫している。
1996年	4月、橋本龍太郎首相とモンデール駐日大使により、「普天間基地の軍事上の機能および能力は維持される」ことを条件に、普天間飛行場の返還が発表された。
1999年	11月、稲嶺恵一沖縄県知事が移設候補地を名護市の辺野古沿岸に決定。 12月、岸本建男名護市長が「移設受け入れ」を正式表明。これを受けて政府も移設場所を県の決定通りに閣議決定した。
2009年	9月、「県外移設が前提」との考えを表明していた民主党・鳩山由紀夫政権が発足。 11月、オバマ米大統領が初来日し、早期の日米合意履行を求めた。
2010年	1月、名護市長選挙で辺野古移設に反対する稲嶺進氏が当選。 2月、沖縄県議会本会議で、県内移設に反対し、国外・県外への移設を求める意見書が全会一致で可決された。
2013年	12月、仲井眞弘多沖縄県知事が、辺野古への移設工事の前提となる埋め立て申請を承認。
2014年	11月、辺野古移設反対派の翁長雄志氏が沖縄県知事に当選。
2015年	4月、翁長雄志知事が菅義偉官房長官、安倍晋三首相と会談するが、議論は並行線に終わる。

うでもそうですが、やはり、マスコミがつくっているニュースのなかには、偏向《へんこう》度がかなりあると思います。

例えば、普天間基地にしても、「日本一危険な基地」とか「世界一危険な基地」とかいう言葉が横行していますが、東京には横田《よこた》基地があり、神《か》奈川《ながわ》には厚木《あつぎ》基地があります。

それを、人口比から見れば、どうなるでしょうか。沖縄県、神奈川県、東京都は、面積的にはだいたい同じです。しかし、東京都の人口は沖縄県のほぼ十倍あります。

東京・横田基地航空写真

辺野古の基地予定地は周辺人口８万人で人口密度 260 人 /km^2 に対し、東京都の横田基地（写真：国土交通省）は周辺人口 50 万人で人口密度５千人 /km^2、神奈川県の厚木基地は周辺人口 100 万人で人口密度６千人 /km^2 という住宅密集地域にある。

神奈川県は、十倍まではないものの数倍はあるわけです。

つまり、住民の被害《ひがい》という意味では、事故の危険率などを考えると、あちら（東京、神奈川）のほうが大きいのです。

したがって、マスコミ等が言っていることは、「論理的には正しくない」と私は思います。東京のど真ん中に飛行機が墜《お》ちたりすれば、大変なことになるでしょうし、それは神奈川でも同じです。また、騒音《そうおん》もあちら（東京、神奈川）のほうがうるさいのです。やはり、これには、やや偏向があるのではないかと感じています。

もちろん、気持ちとしては分かるのです。やはり、先の沖縄戦での被害がそうとう大きく、「その後始末《あとしまつ》が十分についていない」という気持ちを引きずっている部分があるのでしょう。そのように、本土のほうの「悔《く》いの部分」と、沖縄のほうの「許しきれない部分」とが残っているのは分かるのですが、今年でもう戦後七十年であり、そろそろ総決算しなくてはいけない時期が来たのではないかと思うので、私も微力《びりょく》ながら、やり続けているのです。

2　先の戦争を総決算し、「二度目の冷戦」に備えよ

法話《ほうわ》の前夜に訪ねてこられた昭和天皇の御魂《みたま》

さて、沖縄《おきなわ》で法話《ほうわ》をする際には、毎度、幽霊《ゆうれい》話が出ることになってはいるのですが（笑）（会場笑）、今回はないだろうと思っていたところ、「幽霊」という定義は正しくないものの、お一人だけお出《い》でになりました。

誰《だれ》がお出でになったのかというと、昭和天皇です（会場どよめく）。

昨夜の十時過ぎに来られました。今回は、事前に霊言を収録しておいたので（『沖縄戦の司令官・牛島満中将《うしじまみつるちゅうじょう》の霊言《れいげん》』〔幸福の科学出版刊〕参照）、「誰も来ないだろう」と思っていたところ、昭和天皇がお出でになられたのです。

そこで、三十分ぐらいだったと思いますが、お話を伺《うかが》いました。あの独特の口調でおっしゃっておられましたけれども、やはり、沖縄に対しては、そうとう思い入れがおありのようで、おそらく、今日、私が法話をするというので来られたのでしょう。

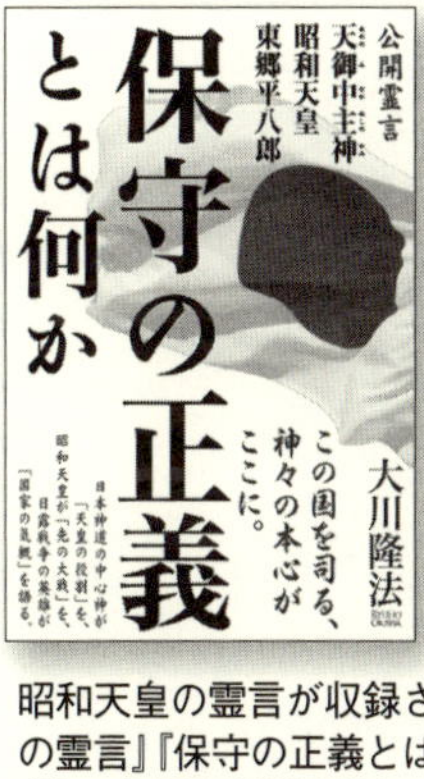

昭和天皇の霊言が収録された『明治天皇・昭和天皇の霊言』『保守の正義とは何か』
（共に幸福の科学出版）

昭和天皇は、「沖縄のみなさんに対しては、非常に心残りがある」ということを言っておられました。

戦争においては、沖縄の方々に多くの犠牲《ぎせい》が出て、島民の四人に一人が亡《な》くなったとも言われています。終戦前の人口は四十万人ぐらいだったと思いますが、沖縄戦では十万人弱、九万人以上の民間人が亡くなりました。

これ以外に、軍人が十万人ぐらい亡くなっていますけれども、四十万人ぐらいいた人口のうち、四分の一ぐらいは亡くなっているのです。

つまり、沖縄が戦場になって、四人に一人が亡くなったということは、みなさまがたの家族のどなたか、あるいは、ご先祖か、ご親戚《しんせき》か、誰かが亡くなっていると思うのですが、それについて（昭和天皇は）非常に気になされていました。

沖縄《おきなわ》について、昭和天皇の御魂《みたま》から託《たく》されたこととは

また、今、「沖縄《おきなわ》の民意」ということで、翁長《おなが》知事が、「普天間《ふてんま》基地は危険だから、閉《し》めるのは当然だけれども、辺野古《へのこ》移転も許さない。もう米軍基地は要《い》らない」と言っていることに対して、昭和天皇は、「沖縄の方々が、そうおっしゃる気持ちは、とてもよく分かります。それを聞いてあげたいという気持ちはあります」とおっしゃっていました。

さらに、「ただ、聞いてあげたいのだけれども、『アメリカの基地を全部

撤去《てっきょ》したあと、どうするのか』ということについて、私は、どうしたらいいのかが分からない。それについては、おたくさま（大川隆法）のほうで、どうしたらいいのか決めてくれ」というようなご意見でした。

ただ、天皇陛下《へいか》から「決めてくれ」と言われても、こちらは、そういう立場にはありません（笑）（会場笑）。やはり、意見を述べる程度しかできず、決める立場にはないのです。

とはいえ、最近、安倍《あべ》総理の守護霊《しゅごれい》も、菅官房長官《すがかんぼうちょうかん》の守護霊も、翁長さんの守護霊も来て（『沖縄の論理は正しいのか？――翁長知事へのスピリチュアル・インタビュー――』〔幸福の科学出版刊〕参照）、今回、昭和天皇もお出でになったわけなので、私に「結論を出せ」と言われているような感じがします。幸福実現党は議席が取れないにもかかわらず、〝責任政党〟をやっているようで、何か責任だけは取っている状態に近いのかなと思うのです。

東アジアに「二度目の冷戦」が迫《せま》っている

これについて、結論から申し上げますと、「いわゆる反戦・厭戦《えんせん》運動だけの流れで考えてはいけない面が一つある」ということです。

極《きわ》めて現実的な話ですけれども、近隣《きんりん》に平和を望む国々がたくさんあり、そのなかで日本が軍国主義を進めるというのであれば、あまりよろしいことではないでしょう。やはり、そうすべきではないと思います。

しかし、「近隣に警戒《けいかい》すべき国が台頭《たいとう》してきている」という状況《じょうきょう》であったならば、国の政治をする者は、それを放置しておいてはいけません。放置しておくと、それはだんだん大きくなっていき、やがて大きな脅威《きょうい》になってくることがあります。したがって、何らかの解決は図《はか》らねばならないのです。このあたりについて、言っておきたいと思います。

先の大戦の後始末《あとしまつ》だけではありません。次に来る戦争、あるいは、戦争ではないかもしれないけれども、「二度目の冷戦」に備えなければいけない時期に今、差し掛《か》かっているのではないかと、私は考えているのです。

もう少し具体的に申し上げましょう。

例えば、北朝鮮《きたちょうせん》がミサイルを撃《う》ちまくっていることは、みなさん、ご存じのはずですが、「おそらく、核《かく》ミサイルも近年中に百基《き》ぐらいはできるだろう」と言われています。

もちろん、コントロールがよいかどうかは分かりませんが、コントロールがよい場合、核ミサイルを百基も持たれて、それを日本に撃ち込《こ》まれたら、大変な被害《ひがい》が出ることは分かるでしょう。

これは放置できない問題であって、いずれ、何らかのかたちで、国際的な諸勢力《しょせいりょく》も巻き込みながら、解決しなければならないと考えています。放置はできません。

また、お隣《となり》の大国である中国も、北朝鮮には呆《あき》れてはいるのです。ただ、呆れてはいるものの、「北朝鮮はどうしようもないから、韓国《かんこく》と一緒《いっしょ》にしてしまえ。一緒にして解決してしまおう」というのが、どうやら中国の基本的な考え方のようです。

もし、北朝鮮と韓国が一体化した場合、どうなるかといえば、核兵器を持つ人口八千万人の国が、そこに出現するわけで、日本は新たな脅威を迎《むか》えることになるわけです。そして、「今は北朝鮮にあり、韓国との戦いに使われると考えられる核兵器が、釜山《プサン》まで下がってきたらどうなる

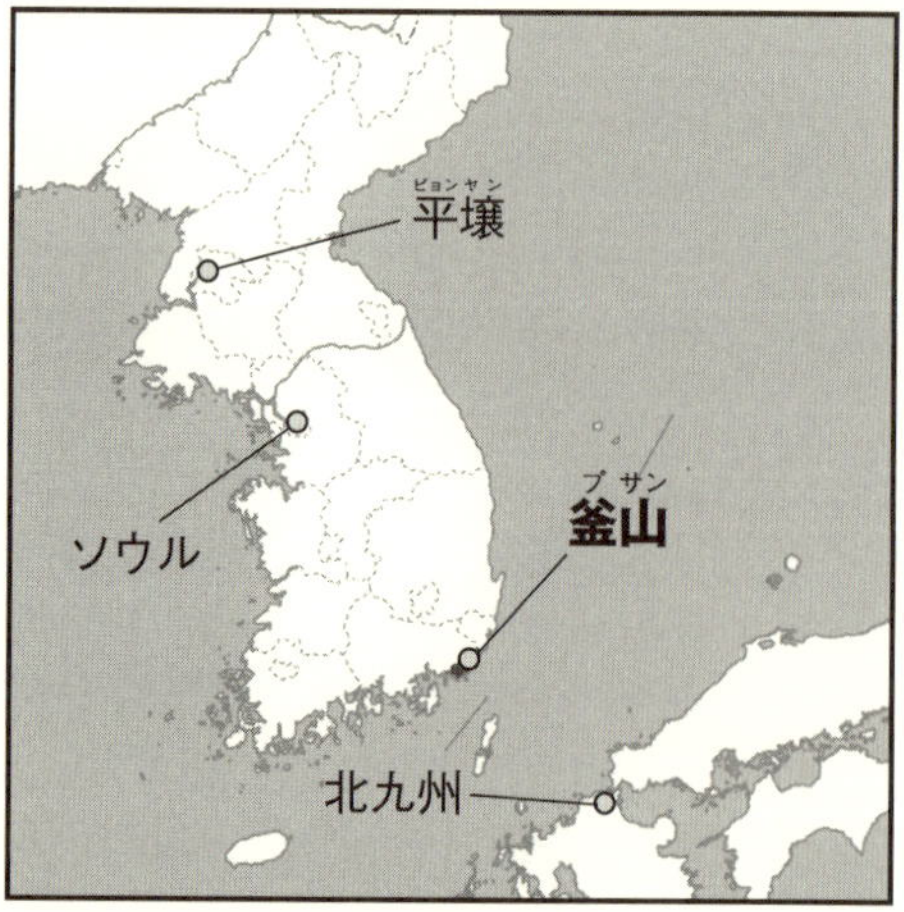

釜山は韓国南東端に位置する港湾都市として、日韓貿易の玄関口の役割を担ってきた（北九州までの距離は約200km）。

か」と考えると、やはり背筋《せすじ》がゾッとするような話になるでしょう。

これは大変なことになりますが、こうした脅威も一つあるわけです。中国は、そう考えています。

中国とフィリピンとの間に高まる「戦争の危機」

それから、もう一つは、中国本土の問題であり、これについては、当地《とうち》（沖縄）の昨日《きのう》の新聞にも載《の》っていました。

ちなみに、「当地の新聞」というのは、「沖縄○○」と「琉球《りゅうきゅう》△△」です。それらの新聞の一面の見出しを見ると、いわゆる全国紙のものとはあまりにも違《ちが》い、強烈《きょうれつ》な見出しが出ているので、一瞬《いっしゅん》、「発行所が〝別な国〟ではないか」と思うぐらいではありました。

ただ、それらを見ても、やはり、南沙《なんさ》諸島のことが取り上げられているのです。

南沙諸島では、フィリピンと中国との間で、境界線をめぐっての争いが起きています。ここは小さな珊瑚礁《さんごしょう》があるところですが、今、そこに中国が大量の砂を入れて、大規模な埋《う》め立てを行い、三千メートル級の滑走路《かっそうろ》をつくろうとしているわけです。これは、いずれ戦いになるでしょう。必ず、戦争が起きるはずです。少なくとも、局地戦争は起きると思います。

要するに、フィリピンのすぐ近くに、三千メートル級の滑走路をつくろうとしているのです。中国本土から千キロも離《はな》れたところに、三千メートル級の滑走路をつくられ、次に、ここから軍用機に飛び立たれたら、すぐにフィリピンは攻撃《こうげき》の対象になるでしょう。非常に危険です。

こうなった場合、フィリピン、アメリカ、それから日本が入るか、台湾《たいわん》が入るかは分かりませんけれども、必ず、何らかの紛争《ふんそう》が近づいていると考えます。

南シナ海で実効支配を進める中国

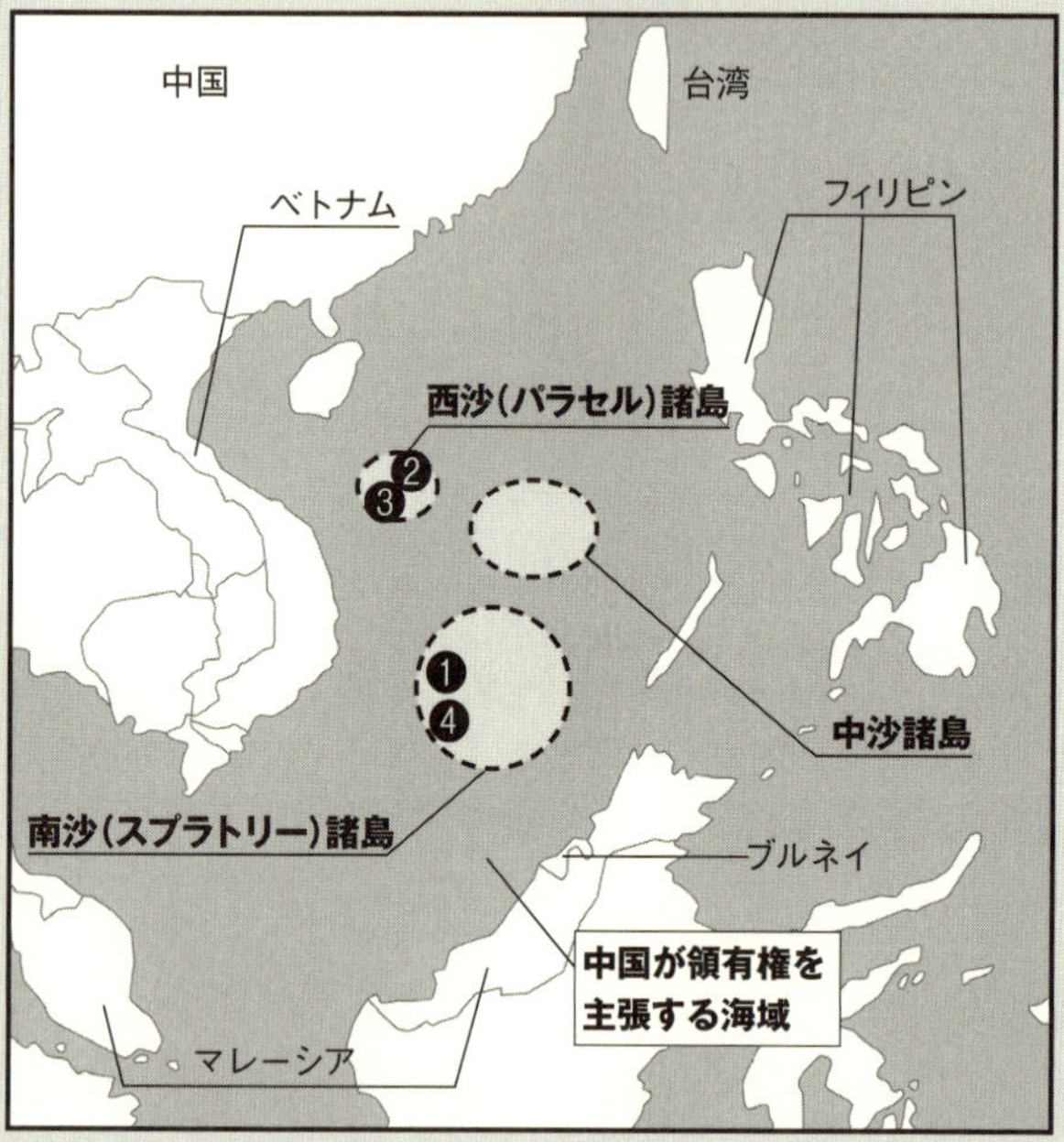

○ 1988 年、中国とベトナムが軍事衝突。ベトナム兵 70 人以上が中国人民解放軍海軍の銃撃で死亡。（❶地点）
○ 95 年、ミスチーフ礁（美済礁）に中国が建造物を構築、実効支配を始めた。（❶地点）
○ 2013 年以降、中国の航空海事軍事基地となっていたウッディー島（永興島）は面積が 4 割拡大し、滑走路は 3000 メートルに延伸。（❷地点）
○ 14 年、中国が西沙諸島付近で石油掘削を開始。（❸地点）
○ 14 年 11 月、南シナ海の南沙諸島付近 7 カ所で埋め立てを開始。（❶地点）
○ 15 年 4 月に公開された人工衛星写真によって、ファイアリー・クロス礁（永暑礁）とスービー礁（渚碧礁）の 2 カ所で、周辺の珊瑚礁が埋め立てられ、軍事関係者 200 人が常駐して要塞化していることが判明。飛行場も建設予定。（❹地点）

3　日本を取り巻く厳しい国際情勢

地政学的には、日本の死命を決する地域である「沖縄《おきなわ》」

さらに、もう一つ、尖閣《せんかく》諸島の問題もあります。

沖縄《おきなわ》が、「米軍基地撤退《てったい》」を言っているのはいいにしても、「その後《ご》をどうするつもりなのか」については、はっきりとは言っていません。また、「撤退させたあと、いったい、どうするのかについては、国家戦略だから関係がない」と言うのであれば無責任すぎると思います。

やはり、地政学的には、「日本全土に関係がある問題」なのです。

確かに、先の戦争で、数多くの犠牲者《ぎせいしゃ》が出ましたけれども、私は、英霊《えいれい》として本当に感謝しなければいけないと思っています。「日本全土が火の海にならなかった」「占領《せんりょう》されなかった」ということは、本当に、沖縄の尊い犠牲の上に成り立っていることであるわけですから、沖縄に対して、日本全土の人たちからの感謝の気持ちがなければいけません。島民の四分の一が亡《な》くなったことについて、十分な敬意を払《はら》い、「ありがとう」という気持ちを持つべきだと思っています。

ただ、それはそうだとして、これからの未来に関しても、やはり、ここが地政学的に、「日本の死命《しめい》を決する重要な地域」であることは、どうしても否定することはできないのです。

「AIIB《エイアイアイビー》設立」に秘《ひ》められた中国の思惑《おもわく》

結局、安倍《あべ》総理があれだけ（基地移設問題を）真剣《しんけん》にやっておられるのも、日本に来る石油の八十パーセントが、アラビアのほうからシーレーンを通り、インドの先端《せんたん》を通過して、さらに台湾《たいわん》の横を通り、沖縄の近くを通って、日本の本土まで入ってきている状況《じょうきょう》があるからです。

ところで、このたび、中国が、アジア開発銀行に対抗《たいこう》するような銀行群をつくりました。アジア、アフリカ、そしてヨーロッパ等から五十七カ国が参加し、ＡＩＩＢ《エイアイアイビー》（アジアインフラ投資銀行）をつくったわけです。

ただ、最近の読売新聞にも書いてありましたが、これは見事にシーレーン、つまりタンカーの輸送路を挟《はさ》み込《こ》む、あるいは、包み込むようにつくってあるのです。

これは、「アメリカ、日本を含《ふく》んだ側が護《まも》ろうとしているもの」と、「中国がほかのところまで拡張し、アジア、アフリカ、それから、ヨーロッパまでを巻き込んで、大きな一つの勢力圏《けん》をつくろうとしているもの」との間で、今、「新しい冷戦」が始まろうとしているわけです。

はっきり言えば、日本を中心とするアジア開発銀行や、ＴＰＰに対抗するためにやっているのでしょう。ＴＰＰの問題は長くかかっていますけれども、中国や韓国《かんこく》は条件を満たさないために、ＴＰＰには、なかなか入れません。それで、こうしたものに対抗するためにやっているわけであり、「新しい冷戦」が今始まりつつあるのだということです。

日本のシーレーンを止《と》められると、石油の八割が入ってこなくなる

ここに問題があるのは、要するに、石油の八割が止まる可能性があるからです。

先ほど述べたように、中国にフィリピンのほうまで軍用基地をつくられ、あの一帯を支配されると、日本のタンカーは南回りでも入ってこられなく

なるわけです。

さらに、習近平《しゅうきんぺい》氏が言っているように、「アメリカはハワイまで撤退しろ。ハワイから西は中国の海で、東はアメリカの海で構わない。半分ずつにしよう」ということで、ハワイあたりまで制海権を取られると、もはや、日本のタンカーが入ってくる余地は完全になくなります。

先の第二次大戦が始まったとき、日本は石油の七十パーセント以上をアメリカから買っていたのです。そのアメリカが、「日本には石油を売らない」ということをしたため、日本は、インドネシアなど、ほかのところの石油を取りに行かなければいけなくなりました。アメリカ側も、もちろん、それを知っていながら石油禁輸をやったわけですが、このように、燃料を

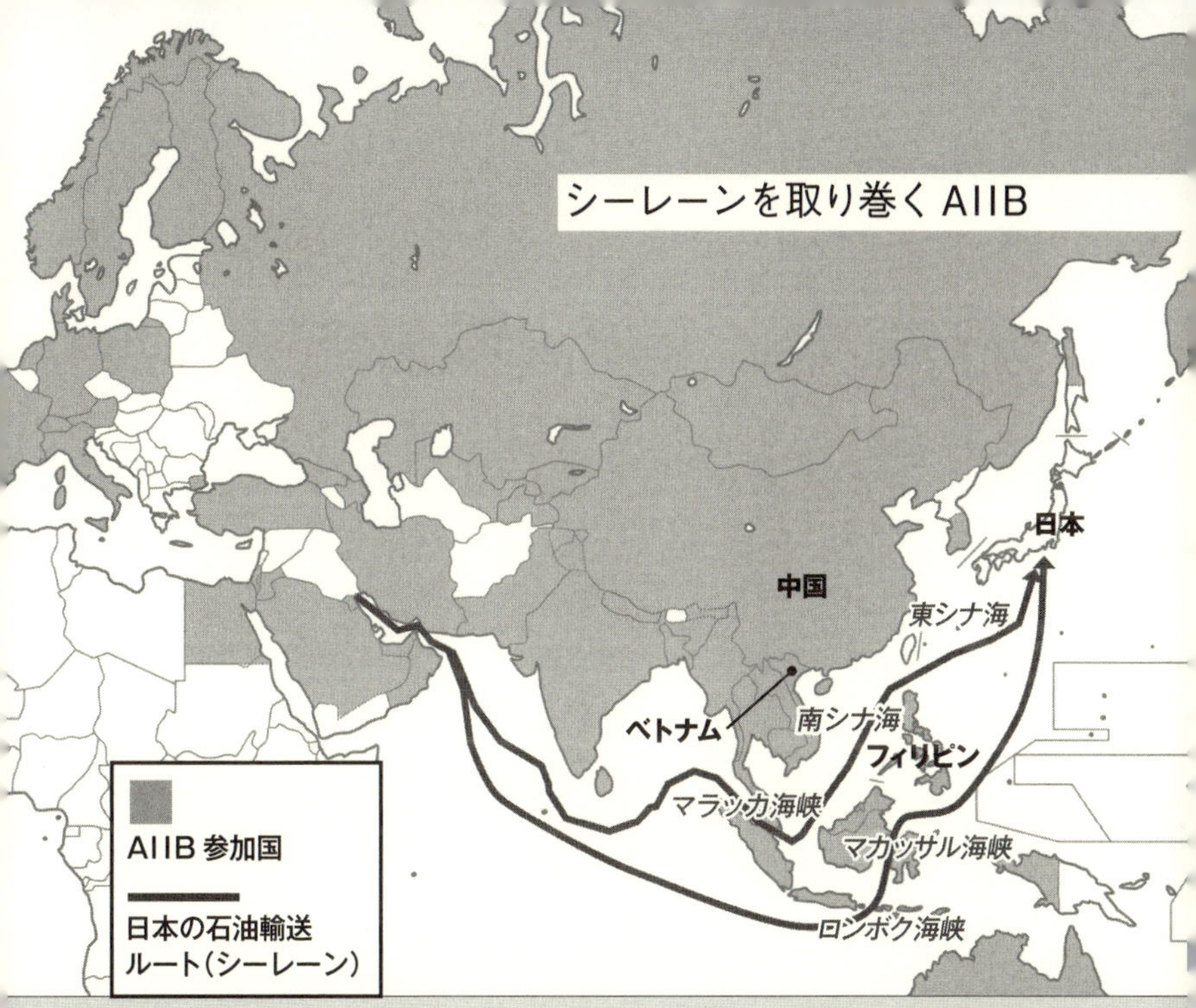

TPPに対抗するAIIB

TPP（環太平洋戦略的経済連携協定）
アメリカが主導するアジアで唯一の大規模な経済連携協定。例外品目を設けない関税撤廃やサービス貿易、投資の自由化を求めている。知的財産など、自由主義国のルールを遵守できていない中国は参加が難しいため、「経済的な対中包囲網」という側面がある。

AIIB（アジアインフラ投資銀行）
中国の習近平国家主席が提唱する、アジア向けの国際開発金融機関。「日米が主導するADB（アジア開発銀行）では賄いきれないインフラ整備のための資金ニーズに応える」ことを名目として設立されたが、実際はTPPに対抗する、中国主導の枠組みといえる。中国が強い決定権を持っており、運営ルールなどは不透明なままである。インフラ投資の名目で、シーレーン沿いに中国海軍が寄港できる軍港などを整備される可能性もあり、AIIB加盟国が、シーレーンを囲むように増えていることは、日本にとって警戒すべきことである。

止《と》められるというのは大変なことなのです。

「石油の輸送」と「原子力発電」が止まると日本はどうなるか

そのように、今、日本の「シーレーン」が押《お》さえられようとしていますが、それと同時に、左翼《さよく》勢力が「原子力発電」を止めようともしています。原発を止められ、本当にタンカーが通れないようにされたら、どうなるでしょうか。

日本のエネルギー自給率は極《きわ》めて厳しく、四、五パーセント程度しかありません。もちろん、太陽光発電や風力発電、小さなダムで行う小《しょう》水力発電等、いろいろな案が出てはいますけれども、これらが心もとないものであるのは当然のことでしょう。

東北地方には、東日本大震災《だいしんさい》の跡地《あとち》がたくさんできましたけれども、そこに太陽光パネルを大量に張ったところで、雪が降ったら、全然発電できなくなって、それで終わりでしょう。

リニアモーターカーの実験地だった宮崎《みやざき》の跡地でも、線路の上に太陽光パネルを張りましたが、あれも、ゴミや埃《ほこり》を被《かぶ》ると発電効率が下がってくるので、掃除《そうじ》をし続けなければいけません。

したがって、それほど安定した供給源とは言えませんし、何らかの攻撃《こうげき》に対しても非常に弱いものだと思います。

また、安定しないという面では、風力発電も同様です。

そういう意味で、「原子力発電」と、「原油の輸送」の両方を攻《せ》められ、止められると、日本の産業は完全に、どこかに「隷属《れいぞく》」するか、「ギブアップ」するか、どちらかになる可能性は極めて高いでしょう。今、政府の側が、基地移設や原発再稼働《さいかどう》等を、非常に受け身になりつつも、強引《ごういん》にやっているように見えているのは、この点とも関係があるはずです。

二〇一四年に亡くなられた外交評論家の岡崎久彦《おかざきひさひこ》氏も、「シーレーンの問題を考えていない人が多い」ということを長らく言われていました。「台湾が大事である理由は、ここが落ちると、もう、石油タンカーが日本に入ってこなくなるからだ」ということも言われていました。

また、スリランカでも、同じような戦いがあります。

中国がスリランカに軍港をつくろうとしていることに対し、今、現地では、それを巻き返そうと、中止を求める運動が起きています。これは、私がスリランカへ講演に行ってから引っ繰《く》り返ってきたのですが（二〇一一年十一月六日、“The《ザ》 Power《パワー》 of《オブ》 New《ニュー》 Enlightenment《エンライトゥンメント》”（新しき悟《さと》り

スリランカに軍港をつくろうとしている中国の動き

（左写真）工事が中断されたスリランカ・コロンボ港。中国はインド周辺国の港湾整備を支援する「真珠の首飾り」戦略を展開。スリランカでも、コロンボ港の整備、孔子学院の開校等の支援攻勢をかけ、2009年には最大援助国となった。しかし、コロンボ港に中国の潜水艦が寄港するなど、将来の軍港化を目論む思惑が鮮明になりつつある。2015年2月には中国寄りの政権が敗退し、新政権は港湾プロジェクトの一時中止と中国利権の腐敗の実態調査に乗り出した。

の力」を開催《かいさい》）、このあたりも、同じように、タンカーが通れなくなるところなのです。

そのように、現実での実戦の前に、「戦略的な外交上の戦い」がずっと続くので、そうした戦略眼を持たずに物事を考えるのは、やはり危険な面が多いと、私は思っています。

4　日本に今、求められる「戦略眼」とは

今の宗教は「左翼《さよく》」に分類されるところが非常に多い

ただ、沖縄《おきなわ》での反対運動に来ている本土の方々と、経産省の前で原発反対運動をしている方々は、たぶん、同じような人たちでしょう。おそらく、心のなかに罪悪感があり、それに対する贖罪《しょくざい》意識から、「戦争反対」「平和賛成」、そして、「日本は悪い国」というような感じを持っているのだと思

うのです。したがって、彼らが全員悪人だとは思っていません。おそらく、〝宗教的なマインド〟を持っている人も多いのではないでしょうか。

宗教にも数多くのものがありますけれども、幸福の科学以外のほかの宗教を調べてみると、「左翼《さよく》」に分類されるところが非常に多いのです。また、宗教というのは、基本的に、「現在ただ今の問題」に答えられないところがほとんどです。考え方が古いわけです。

そのため、だいたい、「戦争反対」「環境破壊反対《かんきょうはかい》」「平和主義賛成」その他へと行くのですが、国際関係と国際政治の動きを全然知らずに活動している人がほとんどなのです。善意で行《おこな》っていて、「無知の〝轍《わだち》〟」のなかに入っていっている感じであり、非常に気の毒でなりません。

当会では、宗教と政治というものは、もともと、「祭政一致《さいせいいっち》だ」ということを言っていますが、日本神道《しんとう》やイスラム教は、特にそうでしょう。実際上、「政教分離《ぶんり》」などと言っているのは日本とフランスぐらいしかなく、アメリカなどは〝政教分離〟だといっても、あそこは本当の「政教分離」ではありません。世界のなかでは、ものすごく少数派なのです。

すなわち、日本においても、もともと、政治と宗教は一致しているものなのです。どうか、そのことも忘れないでほしいと考えています。

宗教として時に厳しく言わねばならないこともある

今の宗教は、生き残るために、「環境破壊に反対する運動」や「戦争に反対する運動」等を行うことで、〝市民権〟を得ようとしているところが多数であろうと思います。

これは、気持ちとしては分かります。そのほうが受け入れられやすいし、分かりやすいのは確かでしょう。

ただ、時には、やはり、厳しいことも言わなければいけないこともあるのではないでしょうか。

例えば、東北の原発の問題でも、直接の原発事故そのもので亡《な》くなった方はほとんどゼロに近いのですけれども、マスコミは「原発関連死」などと言い始めて、「原発関連死で死んだ人は、千五百人から二千人もいる」と言っています。しかし、そのほとんどの人は、避難所《ひなんじょ》生活が長く、病院にも行けず、環境が悪くて亡くなった病人やお年寄りのことです。ですから、これは、やはり、「政府の避難対策の問題」ではないかと思います。

いろいろな考え方が錯綜《さくそう》していて、やや分かりにくいかとは思うのですが、きっちりしておかねばならないことがあるのではないかと思います。

昭和天皇の霊《れい》がご心配なされていたように、戦後の占領《せんりょう》期、日本は米軍に支配され、その後、朝鮮《ちょうせん》半島で戦争が起きたときには、米軍に日本を護《まも》ってもらったのは事実ですが、そういった事態が起きた場合、「日本は、米軍なしで、どのようにして自立し、国を護っていくか」ということを独自に考えることができなければ、やはり、策を立てることはできないのです。

損な役割と知りつつ、直言《ちょくげん》し続けてきた幸福の科学

したがって、私たち幸福の科学も、「宗教としては損な役割である」と思いつつも、原発推進の必要性について言ったり、沖縄米軍基地の問題についても、「今の時点では、やはり、辺野古《へのこ》移転のほかには考える方法がない」ということを申し上げたり、あちこちでオスプレイ反対運動が起き

ているときに、「オスプレイ賛成デモ（下写真）」をしたりと、「（幸福実現党の）票を減らしたいのか」と言われるようなことを平気でやっているのです（会場笑）。

そして、現実には、オスプレイが飛ぶようになっているように、そうした活動が「票」にはなっていないものの、当会の言っている政治的主張は、政府がそのままやってのけているわけです。

つまり、当会は、「政府が怖《こわ》がって逃《に》げる

2012年８月には、オスプレイ配備を求める沖縄県民集会、同月、オスプレイの佐賀空港配備に賛成するデモ、同年９月、山口県岩国市で行われたオスプレイ駐機配備賛成デモ（写真）など、幸福実現党は各地でのオスプレイ配備推進運動に協賛・参加した。

ところ」を活動しているのであり、「信者のみなさんには、斬《き》り込《こ》み隊のようなことばかりさせて、まことに申し訳ない」と、本当に思っています。「みなさんにも、もっと〝勝利の美酒《びしゅ》〟を味わわせてあげたい」とは思うのですが、なかなかそうもいきません。

多数派というのは、たいてい考え方が古く、守旧《しゅきゅう》派で、だいたいは「現状維持《いじ》」なのです。現状維持が多数派であり、新しいことを言うと、みな、怖がって逃げるわけです。そのため、当会が切り拓《ひら》いたあとに政府が動いていくようなことばかりです。

例えば、鹿児島《かごしま》の九州電力川内《せんだい》原発再稼働《さいかどう》を争点として選挙が行われたとき（二〇一四年四月の鹿児島県第二区衆議院補欠選挙）も、若い●HS政《せい》

●HS政経塾　国の未来を担う政財界の人材輩出を目指し、大川隆法総裁（名誉塾長）が2010年に創立した社会人教育機関。

経塾生《けいじゅくせい》が賛成派として幸福実現党から立候補しましたが、得票は千数百票程度だったと思います。ほとんどは川内原発の関係者等を合わせたぐらいしか票を取っていません。

しかし、他の候補者はみな反対だったのに、その後、実際には再稼働のほうに進んでいます。

つまり、そういう人はみな、偽善者《ぎぜんしゃ》と言えば、偽善者の塊《かたまり》です。「原発には反対だが、電力は必要だ」とか、そんなものばかりです。

原発には反対しても、「円安になって（エネルギー輸入代金が増え）、毎日百億円単位で貿易赤字が出ている」というようなことに対しては知らん顔をしています。これによって、やがて財政赤字も生まれてくるでしょう。

「貿易赤字」と「財政赤字」という「双子《ふたご》の赤字」が迫《せま》ってきている状況《じょうきょう》です。

したがって、もう少し賢《かしこ》くなければいけません。全体を見る「戦略眼」のない人が、ただ手足だけで動き回るような時代ではないのです。ほかの宗教団体についても、単に利用されているだけのところが多すぎるので、やはり、もう少し考えたほうがよいと思います。「なぜ、そのように考え方が分かれるのか」ということについて、もっと考えるべきでしょう。

宗教が「戦争反対」と言うのは結構なことですし、それは当然のことだと思うのですけれども、それだけではいけません。

5　先の戦争で日本は「植民地解放」をさせた

現代人が日本軍人への誇《ほこ》りを持つことが「供養《くよう》」となる

私は何度も沖縄に来ていますが、実際のところ、そのたびに、沖縄の戦《せん》没者《ぼっしゃ》が供養《くよう》されているのです。来るたびに、だいぶ成仏《じょうぶつ》しているのです（会場拍手《はくしゅ》）。これは、本当のことです。

先般《せんぱん》は牛島中将《うしじまちゅうじょう》の霊言《れいげん》（前掲《ぜんけい》『沖縄戦の司令官・牛島満《みつる》中将の霊言』参

照）を出しましたけれども、前回、前々回に沖縄で（牛島中将の霊と）お会いしたときよりも、ずいぶん、牛島中将の心境も浄化《じょうか》されてきているような気がします。

そして、今は、戦没者のなかで、まだ天上界《てんじょうかい》に上がっていない方への導きを手助けしているようです。導きの天使たちと一緒《いっしょ》に、手助けしていると思われますが、たいへん義理堅《がた》く責任感の強い方です。「全責任は自分一人にある」とおっしゃる方なので、本当にご立派だと思います。

最近、何人かの日本軍人を調べてみて、「やはり、すごく偉《えら》い方が多かったのだな」ということを感じました（『パラオ諸島ペリリュー島守備隊長 中川州男大佐《なかがわくにおたいさ》の霊言』〔幸福の科学出版刊〕、前掲『沖縄戦の司令官・牛島満中将の霊言』参照)。頭脳が優秀《ゆうしゅう》なのはもちろん、精神的にも高潔《こうけつ》な方がそうとう多く、今、中国や韓国《かんこく》などに言われているような、そんな軍人ではなかったことが、本当にはっきりと分かります。

現代にも稀《まれ》な、高潔な人材です。体も頭も極《きわ》めて優秀で、道徳的にも模《も》範《はん》的な方々が司令官をしていたのではないかと思われます。

したがって、現代日本人は、彼らのことをもっと誇《ほこ》りに思うべきです。誇りに思えばこそ、彼らもまた、供養されていくのです。

先の大戦での「日本の戦い」が持つ大きな意義

当時、沖縄戦、硫黄島《いおうとう》、ペリリュー島など、かなりの犠牲《ぎせい》を出した三つの戦いがあり、多くの死者は出ましたが、この戦いにはやはり意義があったと思います。

この戦いで亡《な》くなった方々、犠牲になられた方々は数多くいますが、これによって「侵略《しんりゃく》主義」が終わったのです。本当に、アジアだけではなくアフリカまで、ヨーロッパの植民地がみな、独立したのです。

例えば、「戦後、ガンジーがインドで独立運動をして、イギリスから独立した」といっても、もともとのきっかけとして、インドを独立させようとしていたのは日本軍なのです。インドに攻め込《こ》んでいき、イギリス軍を蹴散《けち》らしたのは日本軍でした。インパール作戦では、食糧《しょくりょう》もなく山越《やまご》えをして多大な被害《ひがい》を出しながら戦いました。そこで大勢《おおぜい》が死にましたが、それでも攻め込んでいって戦ったのは日本軍です。そうした日本の犠牲の下《もと》に、インドは独立しているのです。

そういうことは、フィリピンやビルマ（現ミャンマー）も知っていますし、インドネシアも知っています。欧米《おうべい》の植民地だったところは、みんな独立したのです。アフリカまでは攻めていっていませんが、結局、アフリカの国もみな欧米から独立しました。日本人の多くの犠牲の下に、「植民

●**インパール作戦**　インド独立運動を促し、連合軍の補給ルートを断つために実行された日本軍の作戦。2000メートル級のアラカン山脈を越え、インド北東部の都市インパール攻略を目指すという過酷な作戦で、兵站不足も影響し、３万人の死者を出す結果となった。

欧米の植民地支配から脱却したアジア

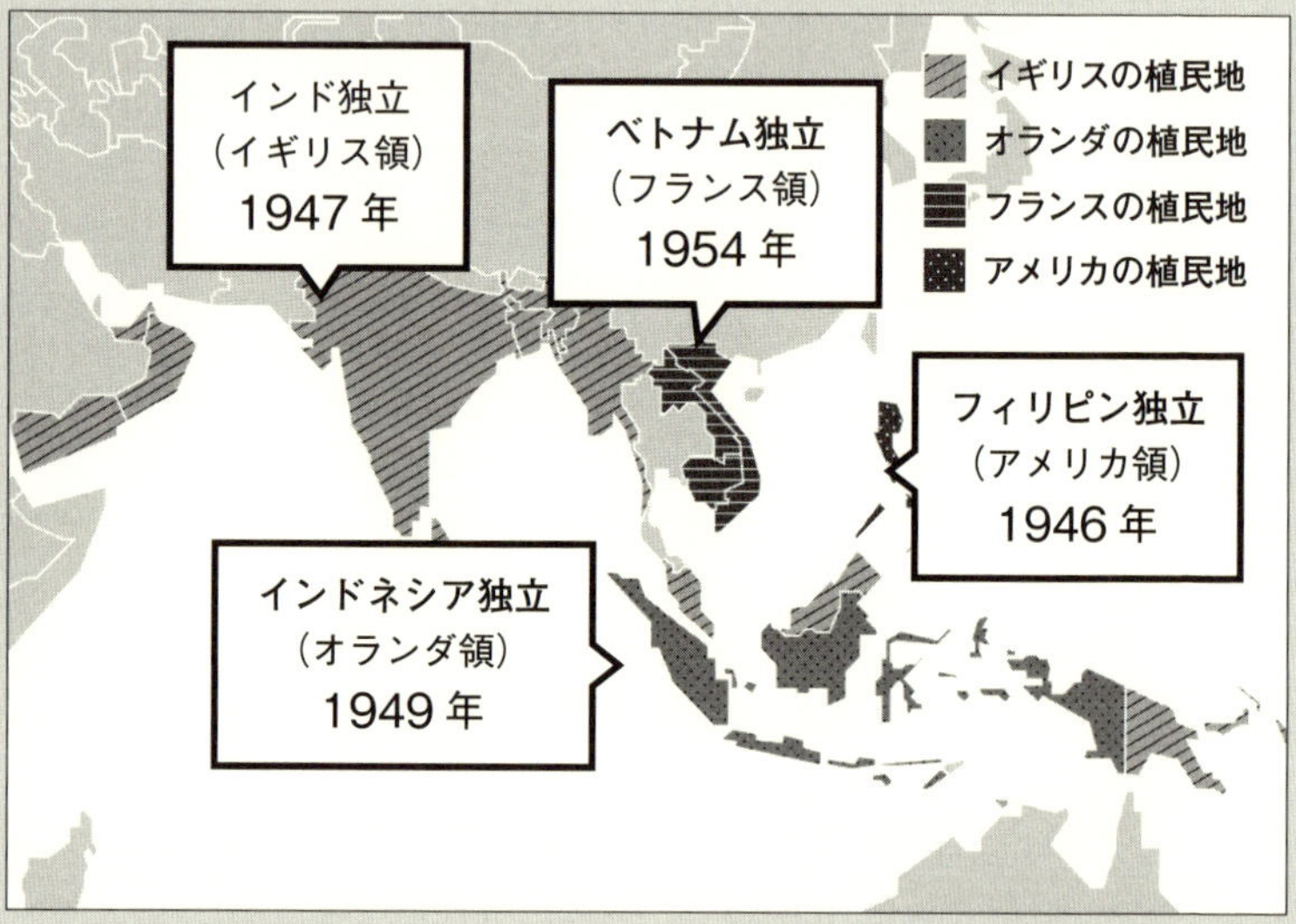

第二次大戦後、フィリピン、インド、パキスタン、スリランカ、ビルマ、ラオス、インドネシア、カンボジア、ベトナム等のアジア諸国が独立。その動きを受けて、1960 年以降、アフリカ諸国も次々と独立していった。

地は、やはり理不尽《りふじん》である」ということが分かったわけです。

本土を護《まも》り、植民地をなくした「三つの戦い」

アメリカ軍は公式にはなかなか言わないでしょうが、沖縄戦において、日本の軍人が約十万人、民間人が約九万人、合わせて十九万人ぐらい亡くなった一方で、アメリカのほうも、軍人の死者が一万人以上、それから、戦傷者に病気になった人や精神異常になった人も入れると、八万人以上の死傷者を出したと言われているのです。

アメリカ人は十九万人の日本人を殺したかもしれないけれども、彼らも八万人以上の死傷者を出しているわけです。これは、彼らにとってはものすごい被害でしょう。

当時、人口四十万人しかいなかった沖縄で、アメリカ軍に八万人以上の死傷者が出たということはどういうことか。沖縄戦でこれだけの被害が出たことを見たら、「もし、本土決戦をするとどうなるか」ということは、考えてみれば分かります。計算した結果、「少なくとも百万人ぐらいは死ぬことを覚悟《かくご》しないかぎり、本土決戦はできない」と、アメリカは考えたわけです。さらに、負傷者等も入れるとしたら、もう、何百万人になることが予想されるのは分かっていたことです。

そういう意味では、この三つの島での戦いは、たいへん悲惨《ひさん》な戦いではありましたが、そのおかげで、本土が戦禍《せんか》から護《まも》られたわけです。「占領《せんりょう》されても戦い続ける」「竹槍《たけやり》で突《つ》っ込む」というぐらいのつもりでいた本土の人たちを、戦後に生かしたということでは、彼らが日本の繁栄《はんえい》をつくるための道を拓《ひら》いたといえるでしょう。

また、同時に、アジアやアフリカの植民地をなくしていったのです。今も小さな植民地はまだあるかもしれませんが、原則として、大国による植民地支配はありませんし、新しくできたものもありません。今、それをつくろうとしているのは、お隣《となり》の中国だけです。

したがって、先の戦いについては意味があったと言えますし、私たちの霊査《れいさ》では、日本神道《しんとう》系の主流系団が後押《あとお》ししていたことも分かっています

（『奇跡《きせき》の法』『国家の気概《きがい》』〔共に幸福の科学出版刊〕参照）。

もちろん、戦《いくさ》で敗れたことは知っていますが、敗れても無駄死《むだじ》にではないのです。

「無駄死《むだじ》に」に見えても日本政府を動かしている幸福実現党の戦い

これは、幸福実現党の立候補者が落ちているのと、実は同じなのです。

「当選しなかったら、こんな選挙など意味がないじゃないか」という見方もあるでしょう。「議員が出なかったら、それは意味がないじゃないですか。そんな戦いは、まったくの金の無駄《むだ》です。〝無駄死に〟です」という言い方はあるでしょう。

ただ、幸福実現党が戦ったことで、日本の政策はそうとう変わっています。これを戦わなかったら、どうなっていたのでしょうか。実際に変わってきています。すごく変わっているわけです。

私は、「イスラム国」やロシアについても、去年からさまざまな意見を言っています。

例えば、「イスラム国」によって、日本人の人質《ひとじち》が二人殺されました。それについては、悔《くや》しく残念なことではあるけれども、彼らは外務省の制止を振《ふ》り切って現地取材等に入った人たちであり、もちろん死ぬ覚悟で入ったのだと思います。

ただ、「これに対する復讐《ふくしゅう》でもって、何万人もの人を皆殺《みなごろ》しにするというのは、やはり、大虐殺《だいぎゃくさつ》、ジェノサイドですよ」ということを、私が言ったら、急にトーンダウンしてきました。それを分からずに、「復讐」と言ってはいけないことだと思います（『イスラム国〝カリフ〟バグダディ氏に直撃《ちょくげき》スピリチュアル・インタビュー』『スピリチュアル・エキスパートによる徹底《てってい》検証「イスラム国」日本人人質事件の真相に迫《せま》る』〔共に幸福の科学出版刊〕参照）。

ロシアのウクライナ問題でも、やはり、だいぶ変わってきました。

単に「西側」と「そうでないもの」という戦いだったのに、私が意見を言ったら、多少トーンダウンしてきました（『自由の革命』『「忍耐《にんたい》の時代」の外交戦略 チャーチルの霊言』『プーチン大統領の新・守護霊《しゅごれい》メッセージ』〔いずれも幸福の科学出版刊〕参照）。ロシアから引き揚《あ》げようとした日本企業《きぎょう》なども、かなり踏《ふ》みとどまっているところもあります。やはり、これから先のことを考えると、ロシアとの関係もまだ捨ててはいけないところがある

ウクライナ問題におけるロシアの真意は？

ウクライナ問題に対し、日本の立ち位置を提言した『自由の革命』をはじめ、同問題を分析するイギリスの名宰相・チャーチルの霊言、ロシア介入の真意を明かしたプーチン大統領の守護霊霊言を相次いで発刊（いずれも幸福の科学出版）。

のです。

幸福実現党の候補者たちは〝特攻隊《とっこうたい》〟のようなものかもしれませんが、今回は死なないので、「何回も繰《く》り返し〝出撃《しゅつげき》〟できる」というところがあります。ただ、四回五回と落ちると、さすがに精神的に、もたない面があるでしょうが、死ぬわけではありません。

そのように、私たちが活動していることは無駄ではないのです。それは、今の政府の主流が「勇気を持つための原理」にもなっています。

「沖縄《おきなわ》での講演会」の要請《ようせい》に来た、首相と官房長官《かんぼうちょうかん》の守護霊《しゅごれい》
この前、HSU（ハッピー・サイエンス・ユニバーシティ）を開くとき

にも話をしましたが（二〇一五年四月四日法話《ほうわ》「ニュー・フロンティアを目指して」）、安倍《あべ》首相や菅官房長官《すがかんぼうちょうかん》の守護霊《しゅごれい》が、「千葉のＨＳＵなんかに行っている場合ではない。沖縄《おきなわ》に行って講演会をやってくれ」と言ってきたので、「うちにも予定があるから、そうはいかない」と断りました。

結局、沖縄に来ることにしたわけですが（会場笑）。

やはり世論《せろん》づくりには大きく影響《えいきょう》しています。翁長《おなが》知事と安倍首相が、当初の予

HSU（ハッピー・サイエンス・ユニバーシティ）　「現代の松下村塾」として2015年に開学の「日本発の本格私学」（創立者・大川隆法）。「幸福の探究と新文明の創造」を建学の精神とし、初年度は人間幸福学部、経営成功学部、未来産業学部の３学部からなる（４年課程）。

定を早めて二日ほど前に会談をなされましたけれども、あれも、結局、私が本（前掲『パラオ諸島ペリリュー島守備隊長 中川州男大佐の霊言』『沖縄の論理は正しいのか？——翁長知事へのスピリチュアル・インタビュー——』『沖縄戦の司令官・牛島満中将の霊言』参照）を出し、広告も出し、その「あとがき」で「今週末には、沖縄での講演会も予定している」と書いたこともあり、安倍首相が、急遽《きゅうきょ》、会談を決めたようです。そのように、影響が出

戦後70年に問い直す大東亜戦争の真実

『パラオ諸島ペリリュー島守備隊長 中川州男大佐の霊言』『沖縄の論理は正しいのか？——翁長知事へのスピリチュアル・インタビュー——』『沖縄戦の司令官・牛島満中将の霊言』（いずれも幸福の科学出版）

ています。

当会が本を出して講演会をするというときは、要するに、マスコミがそれを読んで怯《ひる》むというか、「神の意向はこうなのか」と思うのです。そのため、そこで一瞬《いっしゅん》、マスコミの攻撃が緩《ゆる》むので、そういうときに法案を通したりしています。

今までにも、「集団的自衛権」や、あるいは、「特定秘密保護法」など、法案が通らず、みな、諦《あきら》めかかったときに、それに関する本をポンと出し、広告を打つと、それで通っているのです（『「集団的自衛権」はなぜ必要なのか』〔幸福実現党刊〕『「特定秘密保護法」をどう考えるべきか』〔幸福の科学出版刊〕参照）。今回も同じようにしています。

したがって、みなさんの活動は、無駄ではありません。これは、「先人《せんじん》たちの魂《たましい》を慰《なぐさ》める」という意味においても、われわれの今の戦いは無駄ではなく、「日本の未来のために活動しているのだ」ということを知ってほしいと思います。

真に自立した国家を目指して

『「集団的自衛権」はなぜ必要なのか』（幸福実現党）

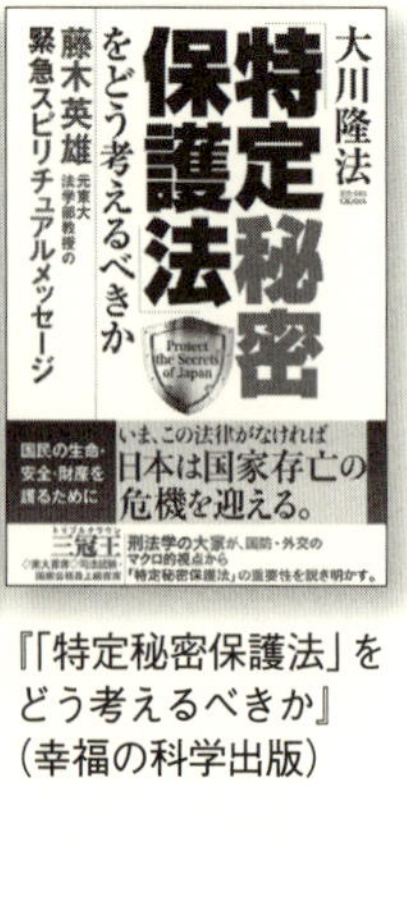

『「特定秘密保護法」をどう考えるべきか』（幸福の科学出版）

「特定秘密保護法案」の審議で揺れた2013年11月、伝説の刑事法学者・藤木英雄氏の霊に見解を求め、同法案の必要性を訴えた。また、集団的自衛権の行使容認の閣議決定に対する世論の逆風が強まった2014年7月には、「集団的自衛権」の必要性を明確に訴えた。

6　これからの「世界の正義」を決めるもの

「現状維持即平和《いじそく》」は間違《まちが》い

やはり、「現状維持《いじ》だけを願っていれば、真の平和が来る」と思うのは間違《まちが》いでしょう。現状というのは、どんどん変わっていきます。いろいろな条件や国際情勢、国内情勢、経済条件、政治の条件等、さまざまなものが変わっていくわけです。

したがって、「現状維持即《そく》平和」というふうに考えるのなら、間違いだと思います。今までは運よくそうなったかもしれないですが、これからは違うかもしれません。そのときに、よく気をつけて、考えて考えて、「トータルの戦略」や「個別の戦略」を考える頭が必要でしょう。

幸福の科学は宗教ですが、今、そうした政府の中枢《ちゅうすう》や天皇陛下《へいか》などからも、頼《たよ》りにされている団体だと思います。この国の正義を決めているのは、幸福の科学なのです。

やはり、政治家だって、難しい問題は抱《かか》えているため、「神様はどう考えているのだろうか」と、最後はここへ来るのです。「政治は、神様が決めてくれ」「どうすることが正しいのかを教えてくれ」と思っているのではないでしょうか。意見や、いろいろなものが対立しますから、どうしたらよいのかが分からないわけです。そのときに、当会は意見を言っています。

もちろん、私たちを、「ウルトラ右翼《うよく》」のように言う人もいるでしょう。しかし、そうはいっても、例えば、「イスラム国への反撃《はんげき》はよいけれども、皆殺《みなごろ》しにしてはいけない」と、当会は述べています（前掲《ぜんけい》『スピリチュアル・エキスパートによる徹底《てってい》検証「イスラム国」日本人人質《ひとじち》事件の真相に迫《せま》る』参照）。これは、ウルトラ右翼の言うことでしょうか。やはり、そんなことはないでしょう。

あるいは、「ロシアを〝干乾《ひぼ》し〟にして、ロシアと新しい戦争を始めることが、正しいことだ」とも言っていません。「そのようなことはしてはならない」と申し上げています（前掲『自由の革命』等参照）。

つまり、個々別々にいろいろな意見を言っているのに対して、トータルで、「地球としての正義は何を求めるべきか」ということを述べているわけです。

沖縄《おきなわ》戦は、世界の「人種差別撤廃《てっぱい》」の流れにもつながった

やはり、先の沖縄《おきなわ》戦での犠牲《ぎせい》は、そのあとの「インドの独立」にもつながったと思います。また、南アフリカでは、黒人を差別したアパルトヘイトがずっと続いていましたが、長い戦いを経《へ》て、ネルソン・マンデラ大統

領の時代に、白人と黒人が平等になった国ができました。これにもつながっているでしょう。

さらに、アメリカでは、一九六〇年代のケネディ大統領以降の黒人解放運動や、キング牧師《ぼくし》たちの黒人解放運動になって、黒人大統領であるオバマ大統領が出た今の流れに、全部つながっていると思います。

したがって、日本人はそういう戦いをしてきたわけです。「肌《はだ》の色で、人間の値打ちは変わらない」ということです。

ネルソン・マンデラ
(1918～2013)
南アフリカ共和国の人種隔離政策（アパルトヘイト）の撤廃を実現させ、ノーベル平和賞を受賞した元大統領。同氏の帰天後わずか6時間後に英語霊言が収録され、偉大な光の大指導霊であることが明かされた（『ネルソン・マンデラ　ラスト・メッセージ』〔幸福の科学出版刊〕参照）。

アメリカ憲法が「平等主義」といっても、「白人の男性は平等だ」ということから始まっていると思います。それが今、「肌の色や男女の違いに関係なく、平等だ」というところまで来ているわけです。

このなかには、かつての日本が出した多くの犠牲が入っているということだし、日米が友好的になってきている関係で、そういう意識的な交流が、水面下でも行われているということでしょう。

これからの「世界の正義」を決めていくのは、幸福の科学の仕事だと思います。これを「全体主義的な動きだ」という人がいるならば、どうか出

マーティン・ルーサー・キング・ジュニア（1929 ～ 1968）
アメリカの牧師。アフリカ系アメリカ人の公民権運動を指導し、ノーベル平和賞を受賞。奴隷解放 100 周年記念演説である「I Have a Dream」が有名。

てきてもらって、「あなたがどのような世界設計を持っているのか、言ってほしい」と、申し上げたいと思うのです。

「未来の平和」をつくり出す戦いを、やめることはない

あのナポレオンでも、ルソーの教育論や、『人間不平等起源論《ふびょうどうきげん》』を読んで、「人間は不平等だ。これは許しがたい。王政を倒《たお》して、平等にならなければいけない」と思ったのでしょう。

ナポレオン・ボナパルト（1769～1821）
フランス第一帝政皇帝。軍事面で天才的才能を発揮してヨーロッパの大部分まで版図を広げ、近代に出現した英雄として一世を風靡した。ナポレオンの行った政治や、軍事、法律等の制度が、その後のヨーロッパの共通基盤ともなった。

そのような勢力に乗っかって、ナポレオンは出てきたと思うのですが、ここだけを見れば、彼は〝左翼〟でしょう。左翼として出てきて、「人間平等」のために、王朝を倒しています。王族や貴族を倒し、帝政《ていせい》を始めて、独裁者になったわけです。

しかし、それで独裁者になったら、今度は、「ヒットラーと、どこが違うのか」という微妙《びみょう》なところが出てきて、線引《せんび》きが非常に難しいのです。

やはり、「左翼だ、右翼だ」と言っても、実際上は関係ないと思います。「その下《した》にいる人たちが、みな幸福になれるような体制がつくれるか、つ

ジャン・ジャック・ルソー（1712～1778）
フランスで活躍した啓蒙思想家。人間の平等と国民主権を主張。人為を排した自然主義的な教育論『エミール』や、『人間不平等起源論』等を著した。

くれないか」ということではないでしょうか。犠牲になる人がたくさん出てくるようだったら、「間違った体制」であり、多くの人たちが自由になっていく体制なら、「正しい体制」だと思います。

したがって、中国に見習うべきではないでしょう。今、中国では、年間二十万件以上もの暴動が起きて、鎮圧《ちんあつ》をしており、人権弾圧《だんあつ》が行われても、それが報道されないでいる状況《じょうきょう》です。そして、外国にまでそれを広げていこうとしているので、これについては「反対すべきだ」と言っているわけです。

一方、日本は、どうでしょうか。官邸《かんてい》が決めて行《おこな》おうとしていることでも、冒頭《ぼうとう》で述べたように、カヌーを漕《こ》いで、邪魔《じゃま》をしている人たちが大勢《おおぜい》います。中国であれば、このような人たちはとっくに捕《つか》まって、監獄《かんごく》に入っているか、銃殺《じゅうさつ》されているでしょう。

しかし、日本では殺されずに、機嫌《きげん》よくやっています。彼らは埼玉《さいたま》から沖縄に来ているわけです。そして、バスに乗ってきて、反対運動をしているのです。日本ではこれを放置しているのですから、〝緩《ゆる》い政府〟ではないでしょうか。実に緩い政府なので、「日本は全体主義」などというのは、とんでもないと思います。

むしろ、政府の考え方に理解を示しているほうが、「車から降りると危険だ」と言われているぐらいですから（会場笑）、全体主義どころか、その反対でしょう。

したがって、どうか、言葉や概念《がいねん》で騙《だま》されないようにしていただきたいと思います。

これからの未来の平和は、幸福の科学がつくり出していきます。

そのための戦いをやめません。

共に頑張《がんば》ってまいりましょう。

第2章

質疑応答

二〇一五年四月十九日
沖縄《おきなわ》県・幸福の科学 沖縄正心館《しょうしんかん》にて

1 「世界の正義」のために日本がすべきこととは

Q1　「平和」とは、沖縄《おきなわ》の左翼《さよく》がとても好きな言葉であり、私たちは子供のころから、平和教育によって、「平和」イコール「戦争放棄《ほうき》」、「武器は持たない」というように教わってきました。そのため、沖縄の方々が考える平和が、「沖縄だけの平和」「一国だけの平和」というかたちになっているように思います。

大川隆法総裁からは、「世界の人々の幸福に責任を感じる人間となってください」というように教えていただいていますが、内向きになりやすい日本人が、もう一段、認識力を上げ、そういう考え方に変わっていくためには、どのようなことに気をつければよいでしょうか。

「中国の繁栄《はんえい》に乗っかって発展しよう」というのは幻想《げんそう》

大川隆法　日本は繁栄《はんえい》を享受《きょうじゅ》したものの、過去に引きずられすぎて、「世界に対する責任」を果たしていなかったところが大きかったのではないかと思います。

「今、ＧＤＰ（国内総生産）で中国が経済的に世界第二位になり、日本が三位になった」と言ってはいますが、日本が二位の時代はずっと長く続いていましたし、「中国が二位になった」と言っても、日本の人口は中国の十分の一です。中国のほうはやっと経済が大きくなっていったのですが、もし彼らが言っている数字が本当だったとしても、国民一人当たりで割れば、中国は日本の五分の一の経済力しかないわけです。

つまり、国民全体に均《なら》してみれば、「中国人は日本人の五分の一の所得しかない」ということです。はっきり言えば、「中国の人は沖縄の人より貧しい」ということです。

したがって、「中国の繁栄に乗っかって発展しよう」などという思いには幻想《げんそう》があります。中国はいいところだけを見せているので、実際には、貧しい人がたくさんいるわけです。つまり、月収一万円や二万円のような人がたくさんいるのですが、儲《もう》かっているお金持ちのところやお金がジャブジャブしているところ、たくさん買い物に来ているところだけを見せている状況《じょうきょう》なのです。

そのため、中国では「国内の格差」が非常にあります。共産主義であることが信じられないぐらい、上から下までの経済格差が広がっています。その格差は、日本のほうがよほど小さいのです。

そして、公務員の汚職《おしょく》もひどいものです。市長あたりでも、汚職で四十億円ぐらい私腹を肥《こ》やすことが平気でまかり通っています。それによって一族全員が儲かるので、法治《ほうち》国家とは思えない状況です。

●**中国国内の格差問題**　中国国内の経済格差は最近20年の間に急速に広がっている。上海などの沿海部と貴州省などの内陸部のGDPでは約10倍の地域格差があり、最富裕層と最貧困層の収入格差は最大で200倍を超えるともいわれる。

そのため、まだまだ中国を信用してはいけません。もし沖縄がこれに巻き込《こ》まれたら、発展するどころか、歴史を「逆行《ぎゃっこう》」して昔に戻《もど》ることになるでしょう。

ですから、むしろ、「こちらから中国に、何か教えることがあるか」を考えるぐらいでなければいけません。「普天間《ふてんま》基地を返還《へんかん》して、空《あ》き地がたくさんできたら、中国資本がたくさん入ってくる。それで土地を買ってホテルを建てればいいんだ」などと経済的にだけ考えているなら、間違《まちが》いだと思います。

また、「中国に進出している日本の工場や企業《きぎょう》などは、いざというときには簡単に強制収用され、日本人は日本に帰ってこれず、抗議《こうぎ》しても何も

●**中国の公務員の汚職**　中国では公務員による贈収賄や横領等の不正が横行し、2015年3月の全国人民代表大会での発表によると、前年1年間に汚職等で立件された公務員は5万5千人に達したという。

できない」という状態になるけれども、逆に、沖縄に進出した中国企業が、何らかの理由により、「事故があった」「放火された」などということになれば、「中国人の保護のため」と称《しょう》して、堂々と（軍隊が）乗り込んでくる程度のことはやりかねない状況にあると思います。

ですから、よくよく考えなければいけないでしょう。

沖縄《おきなわ》を二度と植民地にはさせない

それから、沖縄《おきなわ》戦の前、沖縄は四十万人の人口でしたが、戦争によって十万人ぐらいの人が亡《な》くなり、終戦時には三十万人ぐらいになりました。

しかし、戦後はすぐ五十万人になり、今は百四十万人になっています。百万人も人口が増えてきているわけですから、発展はしてきているのです。

そういうことから見ますと、沖縄は出生率も高いようなので、日本全体から見ても、そんなに発展度が低いと考えるほどではなく、「まだまだ発展の余地がある」と考えるべきだと思います。観光産業以外でも、まだまだつくれる産業が幾《いく》らでもあるのです。

私の考え方は、すでに幸福実現党から発刊した著作にも書いてありますが、「沖縄を二度と植民地にはさせない」という気持ちを持っています（『大川隆法政治講演集2009 第4巻 志《こころざし》を崩《くず》さない』〔幸福実現党刊〕参照）。それは許しません。

沖縄《おきなわ》米軍基地への反対者は、軍備拡張をする国にも抗議《こうぎ》すべき

私は、「基地さえなくなれば、平和になる」という意見は、いったい誰《だれ》に向かって発信しているのか知りたいのです。そして、「日本の国に対して、『基地さえなければいい。自衛隊や米軍がなければ、平和になる』と言っているならば、それは誰の意見ですか」と訊《き》きたいわけです。

それを言うのであれば、日本の近隣《きんりん》で危険な武装をしている国に対しても、同じことを言わなければ駄目《だめ》です。それを言っているのと同じ人が北《きた》朝鮮《ちょうせん》に乗り込んでいき、「核《かく》兵器を廃絶《はいぜつ》しなさい」と言ったり、韓国《かんこく》に対

して、「日本の自衛隊もないときに竹島《たけしま》を取っておいて、『自分たちのものだった』と言うのは開き直りではないですか。いいかげんにしなさい」と言ってほしいものです。

それから、中国に対しても、「なぜ、日本から六兆円とも八兆円とも言われるODA（政府開発援助《えんじょ》）を受けながら、それを軍用に流用し、滑走《かっそう》路《ろ》や軍艦《ぐんかん》など、いろいろなものに換《か》えてきたのですか。その使い途《みち》について、もっと明らかにしてください。これ以上、軍事的に発展させることは近隣への脅威《きょうい》だから、やめてください」と言うべきです。

このような人が、「沖縄《おきなわ》に基地は要《い》らない。米軍は撤退《てったい》しなさい」などと言うのなら、これは基準が同じであるので、私も分かります。しかし、

●**竹島問題**　1905年の閣議決定で島根県に正式編入していた竹島は、サンフランシスコ平和条約発効直前の1952年、韓国が一方的に「李承晩ライン」を設定し、各種施設等を構築して不当占拠した。以後、国際司法裁判所への付託を求める日本の提案を韓国は拒否している。

ある特定の人を利し、ほかの特定の人たちにはマイナスになる考え方を言っているのなら、フェアではないと思います。

「憲法九条を守ることは正しい」というのは、それはそれで一つの考えです。そういう考えもありますし、究極的には、そのようになるのはよいことだと思います。ただ、近隣で軍備拡張をしている国に対しても、「おたくも憲法九条を入れてください」と言えるぐらいであれば、それを言ってもよいと思いますが、その国に対しては言わずに、「日本は〝悪い人間たち〟がつくっている国だから、憲法九条が要る」と言っているのであれば、〝かご〟のなかに自分たちを収めているだけのことでしょう。

「世界の模範生《もはんせい》」である日本に、多くの国が助けを求めている

戦後七十年を見るかぎり、日本は「世界の模範生《もはんせい》」であり、「平和主義者」だったと思います。そういう日本であるからこそ、オーストラリアやアジアの国々が、「アジア付近の治安に関してもヘルプしてください。いざというときは助けてほしい」というようなことをたくさん言ってきているわけです。

例えば、フィリピン、ベトナム、インドネシア等が、「巡視船《じゅんしせん》などは、日本の仕様のものを輸入したい」などと言っているのは、「いざというと

きのために、コネクションをつくっておきたい」ということだと思うのです。今、オーストラリアまでそうなってきています。

やはり、彼らも、中国の脅威《きょうい》をきちんと感じているのでしょう。客観的事情を見ていけば、そのとおりです。日本が戦後、侵略《しんりゃく》的なことをした事実はありませんが、中国は、少なくともウイグルやチベット、内モンゴルを取っていますし、その他、いろいろなところに対して、今、覇権《はけん》主義の姿勢を取ろうとしています。

これについて、中国には反省していただきたいのです。中国に対して、「反省しなさい」と言っているのは幸福の科学ですが、やはり、同じことを言わないといけないと思うのです。

覇権拡大を続ける侵略国家・中国の実態

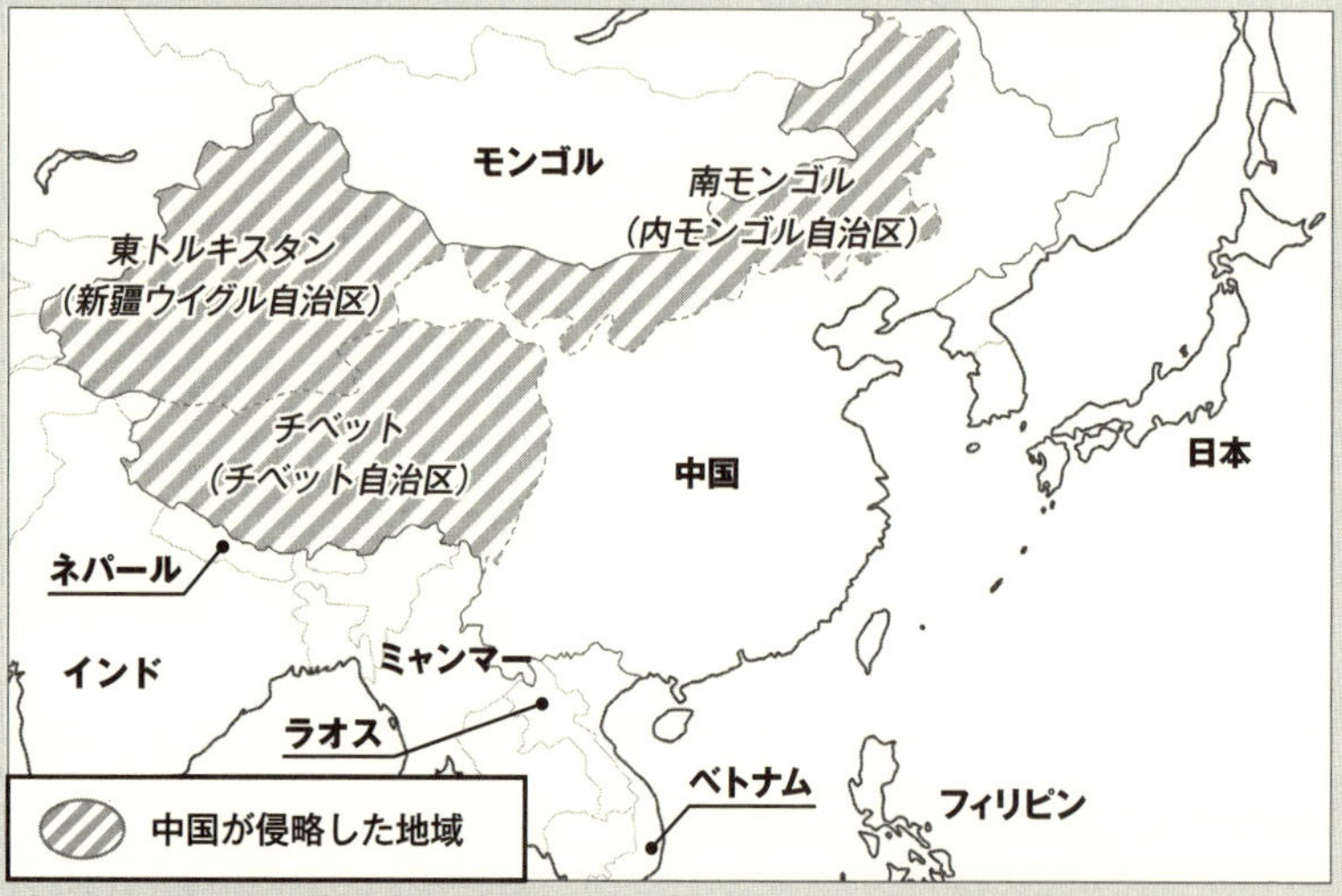

全土を侵略されたウイグル、チベット、内モンゴルをはじめ、南シナ海の諸島を巡る係争が続くベトナムやフィリピン、国境線の一方的変更による侵略をされたブータン、ネパール、タジキスタン等、覇権拡大を続ける中国に周辺諸国が次々と侵略されている。

日本人は、言うべきことを言わなければならない

「南京大虐殺《ナンキンだいぎゃくさつ》だとか従軍慰安婦《じゅうぐんいあんふ》だとか、過去の罪悪感を一生懸命《いっしょうけんめい》に教えて、その罪悪感で日本に〝蓋《ふた》〟をし、黙《だま》らせておいて、自分たちが〝やるべきこと〟をやろうとしている」ということが、「世界の正義」に本当に適《かな》うのでしょうか。これに騙《だま》されている国が、世界中にはたくさんあるのです。

ただ、今、カナダでも従軍慰安婦の像を建てようとしていたところに、ストップがかかっています。

現地の五百人以上の日系人が反対署名をし、それから、インターネットでも一万何千人分もの署名が集まったなどと報道されていますけれども、この件において熱心に活動しているのは幸福実現党です。海外では事情が分かりませんから、「そうかな」と思って建てようとしましたけれども、この活動により、「反対意見がそんなにあるなら、ちょっと見直しましょうか」と言って

カナダ・バーナビー市の従軍慰安婦像設置反対運動

2015年3月、カナダ西部のブリティッシュコロンビア州バーナビー市の森林公園内に、韓国の姉妹都市である華城市や現地の韓国系住民らの働きかけで慰安婦像を設置する計画が持ち上がったが、日系人らの反対を受けて、4月、市長は設置の判断を保留すると決めた。

日系住民らは、直筆の反対署名を500人分以上集めたほか、インターネットでも1万3千人分以上の反対署名が集まった。

市長は声明で、「地元の日系カナダ人社会などにおいて懸念が生じる可能性があることに気づいた」としている。

風光明媚な中都市であるカナダのバーナビー市

います。

やはり、日本としても、言うべきことは言わなければいけないと思うのです。その下《もと》で、中国等に言いたいことを言わせるのであればよいでしょう。

中国の報道官は、いつも自分たちの立場を完全な〝正義〟とし、相手をこき下ろす報道しかしません。一方、日本のほうは、いつも謝《あやま》ってばかりいます。このようなことは、「世界標準では通じない」と思います。

したがって、堂々とものが言える日本人をつくっていきたいと思いますし、そのためには、「知識的な武装《ぶそう》」も要るだろうと思うのです。

アメリカは「中国を肥大化させたこと」への反省を

アメリカは、今、後悔《こうかい》しているのではないでしょうか。

先の大戦で大勢の日本人を殺したけれども、その日本を護《まも》らなければいけなくなりましたし、その相手が、なんと、かつてアメリカが、日本から護ろうとした中国です。そして、その中国は巨大《きょだい》な共産主義国家であり、帝国《ていこく》主義になって、「もしかしたら、アジア、アフリカ、ヨーロッパまで取るという野心を持っているかもしれない」ということで、アメリカは震《ふる》え上がっているはずです。今は、「何ということをしてしまったんだ」と思っていることでしょう。

この反省は、朝鮮戦争のときにすでに起きているはずですが、その六十五年後の今、そこまで来ていると思います。おそらく、あと数年で、中国は「中国経済のほうがアメリカ経済より大きい」と発表するはずです。

そのときに、アメリカの大統領がヒラリー・クリントンさんになっているかどうか、あるいは、共和党の大統領になっているかどうかはアメリカ人次第《しだい》です。ヒラリーさんになって民主党政権のままだったとしても、夫のビル・クリントン元大統領のときに、八年間で中国を肥大化させたのですから、中国と日本を逆転させていく道をつくったのは、アメリカの民主党政権なのです。

クリントン政権時代の主な親中政策

○中国の経済発展を支援

・1993年11月、クリントン大統領は、1989年以来凍結していた中国への兵器の輸出を解禁。中国が日本の技術に対抗できるように助けた。

・94年には、中国の通貨である元（人民元）を、1ドル＝5元台から8元台まで大幅に切り下げるなど、中国の国際競争力を高めた。

・クリントン大統領は、人権問題を抱える中国のWTO（世界貿易機関）加盟を推進し、2000年9月には、中国に対して最恵国待遇（関税や貿易等において最も有利な条件）を付与する貿易法案を議会で成立させた。

○中国外交への理解とジャパン・パッシング

・クリントン政権は、中国を「戦略的パートナー」として重視。1998年の中国訪問時には、江沢民《こうたくみん》総書記（当時）との会談で「台湾の独立不支持」等を表明した。

・この訪中では、クリントンが日本に立ち寄ることなく9日間も中国に滞在したため、日本からは「ジャパン・パッシング」（日本素通り・日本無視）と非難された。

ですから、少なくともヒラリーさんには、その反省の下《もと》にやってもらわないといけません。

あるいは、共和党のほうから、ジョージ・W・ブッシュ元大統領の弟のジェブ・ブッシュ氏が出てくるのであれば、やはり、きちんと毅然《きぜん》とした態度を取っていただきたいとは思っています。

戦後の宰相《さいしょう》のなかでは頑張《がんば》りを見せている安倍《あべ》首相

戦後の日本の宰相《さいしょう》を見るかぎり、安倍《あべ》首相も、今、けっこう頑張《がんば》っていると思います。世界に出て、ものを言っていますので、どうしてそんな能力が出てくるのか、私にも不思議です（会場笑）。

今までの首相は、何も仕事をしないで、だいたい二年ぐらいで任期を終えていましたから、それに比べてずいぶんものを言っています。やはり、家庭内での政治家教育としての文化遺伝子があり、それが高いのでしょう（注。安倍晋三《しんぞう》首相の祖父は岸信介《きしのぶすけ》元首相、大叔父《おおおじ》は佐藤栄作《さとうえいさく》元首相、父は外務大臣や自民党三役を歴任した安倍晋太郎《しんたろう》氏である）。ですから使命感があったのだとは思いますが、やるべきことはやっていますから、けっこう仕事はしています。

ですが、非常に厳しい道を歩んでいることも事実なので、私たちも是々《ぜぜ》非々《ひひ》で、ときどき行われる悪いことについては文句《もんく》は言います。

文科大臣が、〝木《こ》の葉《は》を金貨に変える術《じゅつ》〟に長《た》けすぎていて（会場笑）、「献金《けんきん》しない宗教に対しては厳しすぎる」とか、ややおかしなところはありますから、そういうところはそういうところで、きちんと個別にクレームをつけたいとは思います（『永《なが》田《た》町《ちょう》・平成ポンポコ合戦――文科大臣に化《ば》けた妖《よう》怪《かい》の研究――』（幸福の科学出版刊）等参照）。

ただ、全体的な流れとしては、まだ、日本がもう一段、〝普通の国〟になっていくために必要な流れにあるでしょう。

政治資金規正法違反の疑いで、各報道機関から追及されている下村博文文部科学大臣。その守護霊霊言『永田町・平成ポンポコ合戦』（幸福の科学出版）では、「大臣就任のときに、『おめでとうございます。ささやかでございますが……』と、ささやかな〝木の葉〟の山を積んで持ってくるということは必要だった」と発言している。

キリスト教徒同士が戦い合ったヨーロッパ戦線

とにかく、先の大戦について、もう一回見直しをかけていくべきであり、「日本は決して、ナチスのようなものとは違うのだ」ということを考えてください。

ヨーロッパ戦線では、「キリスト教徒 対 キリスト教徒の戦い」が行われていました。ドイツもキリスト教徒ですし、フランスもキリスト教徒、イギリスもキリスト教徒ですから、キリスト教徒同士で殺し合いをしていたわけです。そんなものと日本を一緒《いっしょ》にしないでいただきたいと思います。

おかしいです。

私自身、「キリスト教も一回、〝解剖《かいぼう》〟しなければいけない」と思っているのですが、なぜ、キリスト教徒の国同士で戦い合うのか、イエスに訊《き》いてみたいところです。「これはどうなっているのだ。いったい誰が指導しているのだ」と言いたくなるぐらい、おかしなところがあるので、何か考えに違いがあると思われます。

これについては、そのうち、また〝解剖〟しようとは思っていますけれども、要は、日本だけが、そんなに謝る必要はないということです。

「沖縄《おきなわ》が中国の一部」ということは絶対にありえない

それから、「沖縄《おきなわ》も中国の一部だ」というようなことをずいぶん言われますが、そんなことは絶対にありえないということは、最近発刊した本（前掲《ぜんけい》『沖縄戦の司令官・牛島満中将《うしじまみつるちゅうじょう》の霊言《れいげん》』参照）にも書いてあります。日本の始まり、今の大和朝廷《やまとちょうてい》の始まりは、南九州、今の日向《ひゅうが》の地のあたりです。あの宮崎《みやざき》のあたりに日本の中心はあったのですから、宮崎あたりから見れば、東京も沖縄も距離《きょり》に変わりはないので、当然、沖縄も影響《えいきょう》はそうとう受けていますし、交流もしています。

したがって、「沖縄は中国の一部」などと考えないでいただきたいと思います。

それから、やがて、もっと詳《つまび》らかにしていきたいと考えていますが、もとを言うと、みなさんは「ラ・ムーの子孫」なのです（会場拍手《はくしゅ》）。はっきり言えば、台湾《たいわん》から九州、本当は中国の南部まで、ムー帝国の末裔《まつえい》が流れ着いているはずなのです。

このように、本流はそちらから来ているので、かつての「大東亜共栄圏《だいとうあきょうえいけん》」などといわれた今のアジアのあたりは、実は「ムーの帝国圏」といえます。ムー帝国の支配圏は、大きさとしてはあれだけあったわけです。

そういうことが根底にはあり、それを受けて、天御中主神《あめのみなかぬしのかみ》、天照大神《あまてらすおおみかみ》等が、実際上、指揮を執《と》っていたということです。

最終的な責任は神々が取るべきだとは思いますけれども、日本の神々は、この国の国土の小ささのわりに、地球全体から見れば点のような小さな島のわりに、けっこう強いのです。世界史的にも強い神々なので、必ずリバウンドしてくると、私は思っています。

太平洋の国々の源流となったムー帝国

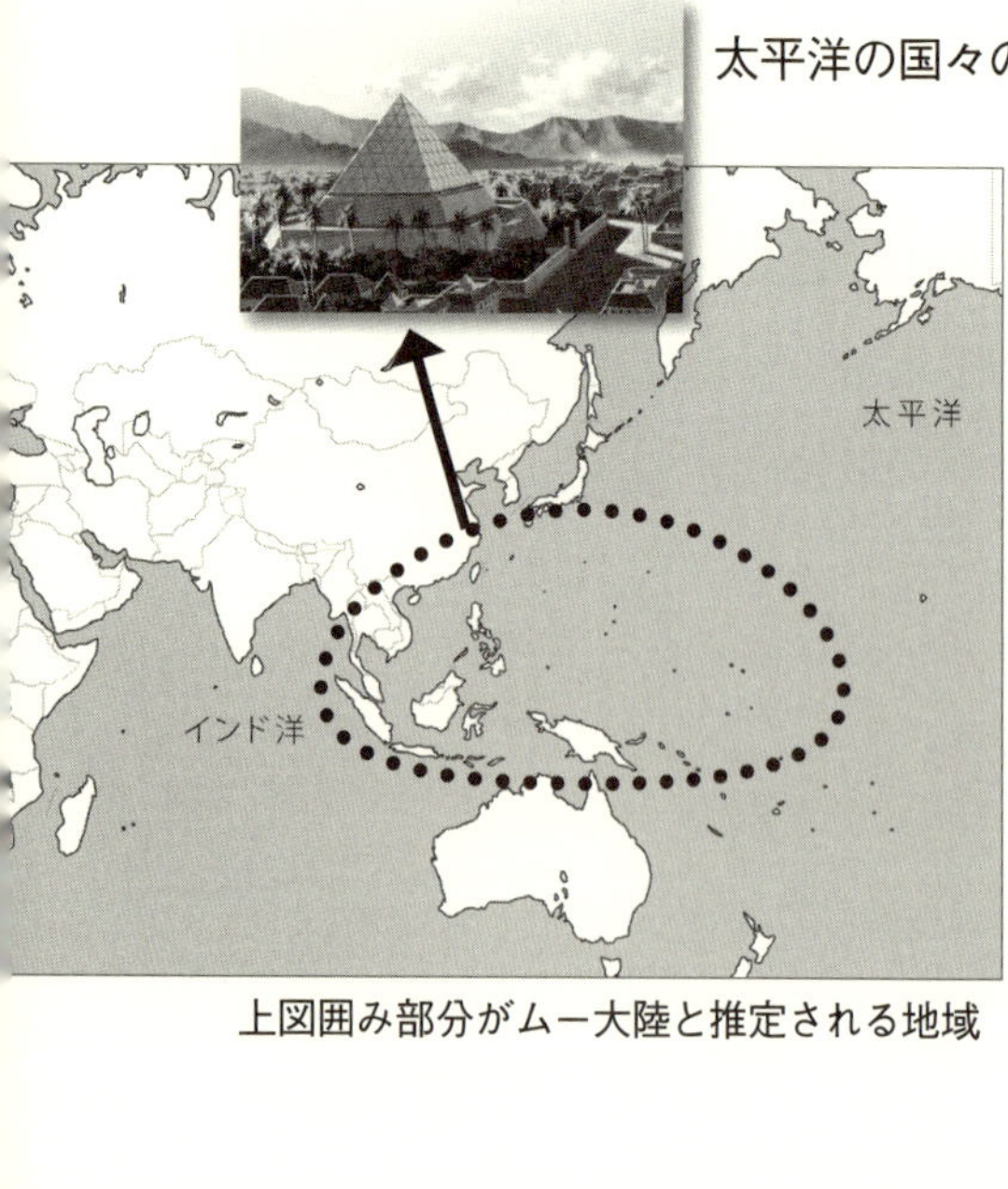

ムー大陸は、1万数千年前に太平洋上に存在したといわれる伝説の大陸で、インドネシアあたりを中心とし、オーストラリアの2倍程度の面積をもっていたとされる（左図）。大王ラ・ムーによって、ムー帝国の文明は最盛期を迎えたが、その後、3段階にわたる大陸の沈下によって海中に没した。滅亡前に脱出できた一部のムー人たちは、現在の日本人の源流となっている。（『太陽の法』〔幸福の科学出版刊〕参照）

上図囲み部分がムー大陸と推定される地域

2 「創造する革新運動」を推《お》し進める マスコミ改革について

Ｑ２　私は、ラジオのプロデューサーをしています。
沖縄では偏向《へんこう》報道がひどく、二年半前の選挙のとき、幸福実現党の立候補者である金城《きんじょう》タツローさんのことが、全然、報道されませんでした。そこで、幸福の科学グループと協力して、ラジオの生放送番組（「ゆんたくシーサーｒａｄｉｏ《ラジオ》」）を立ち上げました。

そのなかで、地元の保守系の方々と交流しながら、仲井眞《なかいま》前知事や幸福実現党の方などをゲストとして迎えたり、辺野古《へのこ》の取材に行ったり、いろいろな方に突撃《とつげき》インタビューを行《おこな》ったりしてきました。

今後も、大川総裁の御法話や、幸福実現党の政策などを紹介していきたいと思いますので、アドバイスを頂ければ幸いです。

日本のラジオ・テレビには、実際上「報道の自由」がない

大川隆法　ご立派です。よく頑張《がんば》っていると思います。

厳しい状況《じょうきょう》のなかでは、やはり、独自メディアを開いていかないとしか

たがないですね。全国三十八局に加えて、ハワイにまで放送しているラジオ番組（「天使のモーニングコール」）もやっていますが、政治的なものに関しては、チェックも多少あったりして、なかなか難しいのです。

また、テレビのほうも国に許認可権があって、どこのテレビ局もけっこう逃《に》げ腰《ごし》なので、実際上、「報道の自由がない」というところはあります。当会の意見をストレートに出してくれるところは、今のところありません。

以前、ＢＳ放送で、「未来ビジョン　元気出せ！　ニッポン！」というテレビ番組をやっていたこともありますが、費用は当会持ちで、番組の構成やゲストなども当会が決めたりして、やっていました。

ところが、「幸福の科学の教団関係者を出してほしい」と言うと、「それ

●「天使のモーニングコール」　幸福の科学が提供する、週１回、30分のラジオ番組。幸福の科学の教えに基づき、幸せになる心の法則をさまざまな角度から伝えている。1991年10月の番組開始以来、放送は1000回を超える。

だけは駄目《だめ》です。テレビには、教団に関係のない他の人、教団のシンパは出せるけど、幸福実現党の人と教団関係者は出せません」と言うのです。

そのように、費用は当会持ちであるにもかかわらず、そうした人たちを出せないというのは、〝ひどい番組〟です。やはり、テレビ業界というのは、少数の局の寡占《かせん》状態にあるので、そうした自由がないのです。

放送事業を推《お》し進めるには「勇気」と「言論の中身」が要《い》る

そのため、今、「THE《ザ》 FACT《ファクト》」のような番組をインターネットで流したりもしているわけです。

●「THE FACT」　マスコミが報道しない「事実」を独自取材で世界に伝える、幸福の科学のネット・オピニオン番組。人権問題、歴史認識、安全保障、外交、政治、経済、教育、テクノロジーその他、さまざまな問題に斬り込んでいる。

　ただ、次第《しだい》に、アメリカのように、独自のケーブルテレビがたくさん増えていく流れになって、自由に放送できるようになっていくとは思います。

　いずれにしても、やはり、やろうとする人の「勇気」がなければ何も始まらないし、勇気があっても、言論に中身がなかったら何もできないので、「勇気」と「言論の中身」が大事であり、それが十分に有効な力を持っていなくてはいけないでしょう。ですから、あなたのような活動は本当にありがたいと思います。

　ともあれ、アフリカあたりのテレビでは、私が行っていない、いろいろな国にまで、私の講演が毎週放映されたりしているのに、この日本は、いったいどうなっているのでしょう。

アフリカの人たちは、みんな当然、日本では、私の講演がテレビで放映されているものだと思っているわけです。そう思っているから、アフリカで放映しているわけです。

日本のテレビは、今、地方の六局くらいでは、夏と冬の大きな講演会（「御生誕祭《ごせいたんさい》」と「エル・カンターレ祭」）は放映されるのですが、あとはかからない状態なので、もっともっと押《お》していくしかないでしょう。

また、新しいメディア、「ニューメディア」

アフリカでのテレビ放映の様子

例えば、ウガンダ国営テレビ放送局ＵＢＣでは、2010 年以降、毎週、大川隆法の法話や幸福の科学の教え等を放送。2012 年６月のウガンダ巡錫時には、ＵＢＣと民放局ＷＢＳ、ＮＢＳが法話を全編放送。アフリカ５カ国で推定３千万人が視聴した。

を開発していかなくてはいけないのかなとも思っています。もう、「オールドメディア」はなかなか乗ってきません。

新聞広告にも〝圧力〟がかかることがある

新聞もなかなか難しいです。当会は宗教団体にしては、新聞に広告等を自由に、かなり出せるほうではあります。当会の本は、いちばん広告を出しているほうではあるでしょう。

しかし、それでも、広告審査《しんさ》で細《こま》かく見られていて、ほかのスポンサーの会社等に関係がある内容だと、「待った」がかかったりします。

例えば、以前、パナソニック（旧松下《まつした》電器）の創業者・松下幸之助《こうのすけ》さんの霊言（『松下幸之助 日本を叱《しか》る』〔幸福の科学出版刊〕参照）の広告を大手新聞に出そうとしたときに、「待った」がかかったことがありました。

その新聞社が言うには、「パナソニックの広報部のほうが、『これ（「松下氏の霊言」の広告）を出したら、わが社の広告を引き揚《あ》げるぞ』というようなことを言ってきており、その分の収入を計算すると、向こうのほうが少し多いので、やはり、それは困ります」ということだったのです。

当時、パナソニックは、そうした広告を出されると、具合の悪いことがあったようです。どうやら、社内改革をして、幸之助さんの経営方針を破って、V字回復をしようとしていたときだったらしいのです。

要するに、リストラをたくさんやって、分社経営もやめて、アメリカ型の経営に全部変えようとしているときだったので、そのときに幸之助さんの霊言の広告が出ると、「先代が出てくるということは、何か不満があるということになるんじゃないか」ということで、新聞社にプレッシャーをかけてきて、広告が載《の》らなかったようです。

あるいは、生きている人の守護霊《しゅごれい》霊言の広告なども、場合によっては、載らないことが多くありますし、タレントの事務所によっては、そうしたことを言うこともあります。

タレントの守護霊霊言の広告は、だいたい、みんな出ているのですが、大手紙では、「キムタクだけは、なぜか載っていない」ということもあります。そこの事務所が少しうるさいか、背景にある何かがうるさいか、どちらかであろうとは思います。そうしたこともあるのです。

それについては、それほど気にはしていませんが、やはり、「自分からもできることがあれば、どんどん打ち出していく」ということが大事でしょう。

マスコミの偏向度については、それぞれみな、社の方針を持っているので変えられないし、マスコミというのは、株式公開していないところがほとんどです。そのため、社主が方針を決めており、一般《いっぱん》公開されていないことが多いので、なかなか言うことはききません。

沖縄《おきなわ》の新聞に「某知事《ぼう》の守護霊霊言《しゅごれいれいげん》」の広告が載《の》らなかった理由

沖縄《おきなわ》の新聞も、名前を出すのは失礼に当たるので言いませんが、今日付の「沖縄○○」と「琉球《りゅうきゅう》△△」を見ると、片方は一面に、片方は二面に、私の本の広告を出してくれています。あれは、亡《な》くなった方の霊言《れいげん》だったのでよかったのです。

「ペリリュー島の中川大佐《なかがわたいさ》の本（前掲『パラオ諸島ペリリュー島守備隊長 中川州男《くにお》大佐の霊言』参照）と、沖縄で亡くなった牛島中将の本（前掲『沖縄戦の司令官・牛島満中将の霊言』参照）についての広告は構いません」ということで、広告は出ています。

ところが、某《ぼう》知事の守護霊《しゅごれい》インタビュー（前掲『沖縄の論理は正しいのか？――翁長《おなが》知事へのスピリチュアル・インタビュー――』参照）だけが、「これは載《の》せられません」ということだったのです。

それでも、「どうにかならないか」ということで考えた結果、「広告には載せられないが、折り込《こ》みには入れられる」ということでした。

私が泊まったホテルの新聞には、折り込みが入っていなかったので、取り寄せて確認しましたが、折り込み広告には、いちおう入っていました。

折り込みだけならば、沖縄県内では分かりますが、本土のほうでは分からないので、「知事に対する広告は、沖縄の新聞では打っていない」というように見えます。

そのように、新聞社によっては、「嫌《いや》だ」「駄目だ」ということもあります。利害が多少絡《から》むこともあって、厳しいのです。

沖縄《おきなわ》では「霊界通信《れいかいつうしん》」は当たり前のこと

当会はそうした難しい状況のなかで活動していますが、本土の書店においても、「宗教のコーナーがあるあたりには、だいたい一棚《ひとたな》ぐらいは私の関連の本があり、その他の人のものは別のところの棚に少しある」というぐらいになっていて、当会の本は、非常に強いのです。

ちなみに、この書籍《しょせき》伝道の原点は、沖縄《おきなわ》なのです。当会は、沖縄から勇気を頂いたのです。沖縄の信者が、店員でもないのに、本屋に行って、布《ふ》巾《きん》か何かで私の本を磨《みが》いたり、ハタキをかけたりし始めたわけです。

それを見て、書店員や書店主のほうが感動してしまって、「なぜ、ここまでするのですか」と訊《き》いてきたのです。

そこで、「いや、これは大事な教え、尊い教えなんです。大事な教えで、伝えなくてはいけない宝物みたいなものですから、磨きに磨かなければいけないし、埃《ほこり》一つあってもいけないんです」というように真理を伝えていったわけです。

こうした書籍伝道は、沖縄から本格的に始まったのです。

ですから、非常に心強く思っています。沖縄の人たちであれば、「霊界《れいかい》からの通信がある」ということなど、当たり前だと思っているでしょう。これは、やはり「強み」だと思うのです。

昭和天皇の霊言《れいげん》等に見る、幸福の科学の政治的な影響力《えいきょうりょく》

それを分かってくれるなら、もう一押《ひとお》しです。もう一押しなのです。つまり、「霊界《れいかい》からはいろいろな人が降りてくるけれども、偉《えら》い人が降りてこられる人（霊能力者）というのは、やはり限られてくるでしょう」ということです。

昭和天皇の御魂《みたま》が、どこにでも降りたり、ユタ全員に降りたりしたら、それは大変なことになります。やはり、「格」がありますので、降りていいところと、悪いところがあります。格が落ちるところに降りてはいけないのです。

（昭和天皇が）降りてもよいところは、今、私のところしかありません。ほかのところに出たら、迷っているとしか思われないでしょう。私のところに出れば、そうとは思われないので出てくるし、実際、効果があるのです。

例えば、以前、故・橋本龍太郎《はしもとりゅうたろう》氏が首相を退任されたあとのことですが、二〇〇〇年ごろに送られてきた昭和天皇の御霊言《ごれいげん》を、かいつまんで要約し、

●ユタ　沖縄や奄美群島等の南西諸島を中心に活動する霊媒師で、口寄せによって霊に語らせるなどの術を行う。

「ザ・リバティ」（二〇〇〇年三月号〈幸福の科学出版刊〉）に載せたことがありました。

　昭和天皇は、そのなかで、「できれば、橋本龍太郎前首相に、もう一度返り咲《ざ》いてもらいたいと思う」というようなことを、チラッと述べておられたのです。

　すると、いったん政権の座から降りて無役だった橋本元首相が、急に、今上《きんじょう》天皇のヨーロッパ御巡幸《ごじゅんこう》の首席随員《ずいいん》になり、

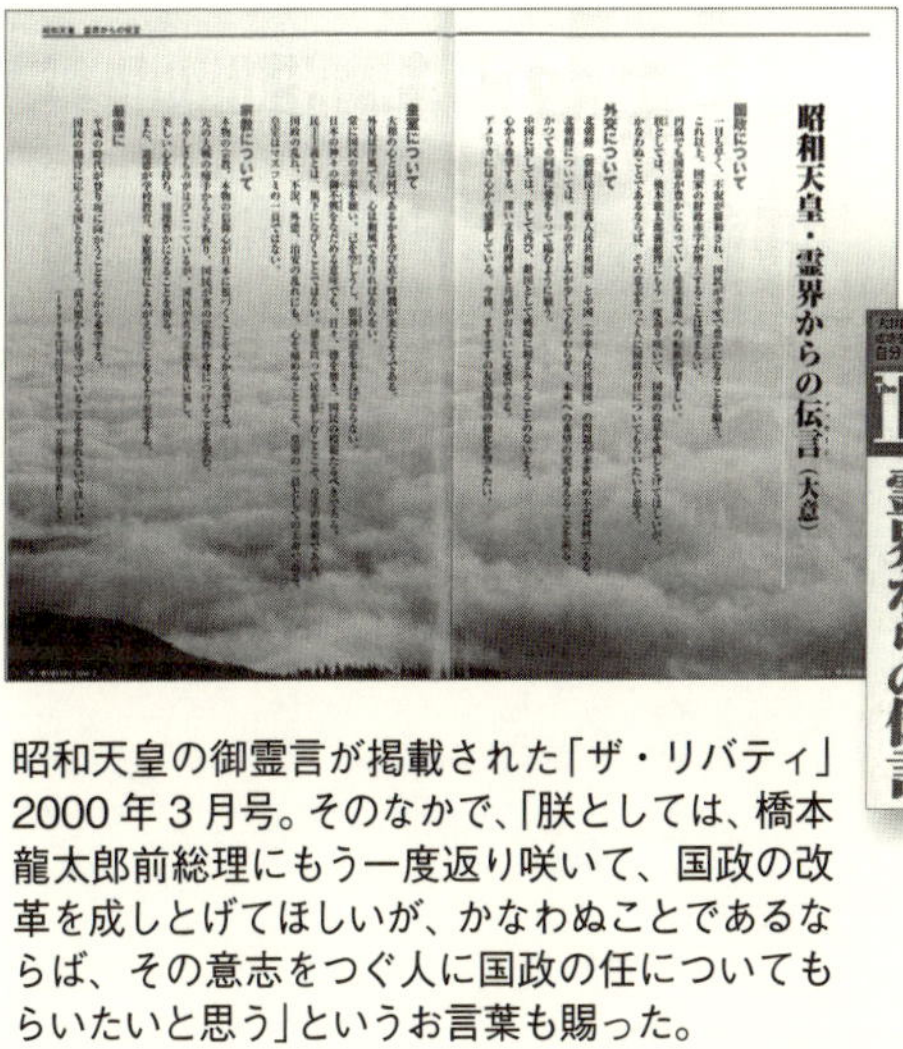

昭和天皇の御霊言が掲載された「ザ・リバティ」2000年３月号。そのなかで、「朕としては、橋本龍太郎前総理にもう一度返り咲いて、国政の改革を成しとげてほしいが、かなわぬことであるならば、その意志をつぐ人に国政の任についてもらいたいと思う」というお言葉も賜った。

陛下《へいか》についてヨーロッパを回るということが起きました。さらに「総理待望論」が起きましたが、そのくらい影響力《えいきょうりょく》があるのです。「ザ・リバティ」に、昭和天皇の霊言が二ページほど載った程度で、そのくらい変わります。

また、私が発言したことで、自民党の新しい幹事長になった人なども何人もいるし、大蔵《おおくら》大臣や財務大臣になったような人もいるため、実は、けっこう影響力があるのです。選挙に弱いだけで、それ以外への影響力はかなりあります。

選挙に弱い理由は、また別途《べっと》あるのです。要するに、当会は、「ほかの政党を応援《おうえん》していても信者から追い出されない」という宗教であって、「入信した人は、全員逃《のが》さない。必ず、この人に投票しなさい」というところまでは言いません。緩《ゆる》やかにして、許しているのです。

当会が政治活動を行う前に入信した方々は、政治によって入ったわけではなく、やはり宗教に入信してきたわけですし、当会の信者には、ほかの政党から出馬している人もたくさんいます。

彼らのなかには、「当選者が出始めたら寄っていくが、当選者が出るまではそんなに急がなくてもいいかな」と思っている方もいるのでしょう。「政治家も職業だから、あまり強制してはいけない」と思い、対応を緩やかにしているため、政治的には、若干《じゃっかん》、求心力が足りないところはあるのですが、こちらも、責任が生じるので、「（幸福実現党から立候補して）職業としての政治家を続けられるぐらいになったら、もっと強く出ようかな」と考えているのです。

「新しい保守」とは「創造する革新運動」

幸福実現党が粘《ねば》っているうちに、蓋《ふた》をしているマスコミも開いてきつつあり、次第に知られていくでしょう。

ただ、沖縄の二つの新聞について言えば、昨日の朝刊の一面には、「米軍基地の辺野古移転反対の基金に、四千六百万円が集まりました。基金の窓口はここです」と、電話番号が書いてありました。このようなことは、マスコミとしておかしいことで、中央紙では、絶対ありえません。二紙しかない地方紙がこうした一方に偏《へん》した行動、つまり、反対運動の基金について、一面に載せているというのは、かなり偏《かたよ》りすぎています。

また、中央紙は、空輸しているため、沖縄には午後にならないと届きません。そのため、完全に県民を洗脳できてしまうわけです。これは問題があるでしょう。

したがって、ラジオだけではなく、できるものがあれば、いろいろなかたちで、保守系の言論をもう少し起こしていかないといけないのではないかと、私は思います。

今の「保守」というのは、現状維持《いじ》ではなく、「未来を拓《ひら》く保守」でなければいけません。過去の「革新」と同じと思われるかもしれませんが、

「破壊《はかい》的革新」とは違《ちが》います。これは、「創造する革新運動」なのです。これが「新しい保守」であり、私の目指しているものは、そちらのほうになります。

「日本を変えていきたい。破壊するほうに変えるのではない。〝腐敗菌《ふはいきん》〟のような左翼《さよく》の活動をしたいわけではない。日本をよい方向に変えていきたい」と考えているのです。

何と言われようと、霊界《れいかい》は確実に存在する

アジアやアフリカなど、もっと信仰《しんこう》のあるところでは、私の講演を一回

世界五大陸への巡錫で大きく広がる幸福の科学の信仰

インド

ネパール

スリランカ

ウガンダ

海外への巡錫としては、イギリス、アメリカ（4カ所。ハワイ含む）、ブラジル（4カ所）、インド（3カ所。写真左上）、ネパール（右上）、フィリピン、香港、シンガポール、マレーシア、スリランカ（左下）、オーストラリア（2カ所）、ウガンダ（右下）で説法を行い、数多くの信者が誕生している。

聴《き》いただけで信じてくれる人たちがたくさんいるのです。

やはり、「信仰心が低い」ということには問題があります。それは、恥《は》ずかしいことであり、人間が「動物の世界に帰りたい」と言っているのと同じでしょう。半分以上の人はまだ、動物と同じに、あるいは、〝機械の一部〟になりたがっています。そういう人がたくさんいるということは恥ずかしいことですし、彼らは、「あなたはもっと尊い存在だ」と言われているのに、聞く気がありません。

しかし、それは、何と言われても真実なのです。「〝科学的実証精神〟から見て証明できない」といくら言われても、事実は事実なのだから、しかたがありません。

霊言《れいげん》が繰《く》り返し出ているのを見れば分かるでしょう。守護霊もいるし、あの世もあるのです。だから、幾《いく》らでも出てきます。

正しい者は強くなければいけない

今、私たちは大きなものと戦っているので、やはり真理は強くなければならないと思います。小さくてもよいから、風穴《かざあな》を開けていってください。「おかしい」と思うものに対しては意見を言ってください。それが大事だと思います。

マスコミは、いろいろなところでかなり偏向報道をしているし、その言い方の一つとして、「話題性がないから」と言い、逃げることがあるのです。

これは、例えば、中日新聞などがそうでした。幸福実現党の愛知県選挙区の候補者は、その後、四万票台ぐらいは取っていたと思いますが、「話題性がないから載せない」ということをしていたのです（『「中日新聞」偏向報道の霊的原因を探《さぐ》る——小出宣昭《こいでのぶあき》社長のスピリチュアル診断《しんだん》——』〔幸福の科学出版刊〕参照）。やはり、これには問題があり、候補者が抗議《こうぎ》に行っていました。

「話題性があるか、ないか」などということは、載せてみないと分からないはずです。それなのに、彼らは新聞に載せないことで、「話題性がない」と言っているので、これはおかしいでしょう。

また、選挙結果についても、「事前に予測がなされ、そのとおりになる」というようなことをやっていますが、「予想が当たった」のか、あるいは「誘導《ゆうどう》されてそうなった」のかには、分からないところがかなりあります。

当会のある本にも書いてありますが、「テレビなどで、幸福実現党をほかの政党と同じように扱《あつか》えば、得票数が十倍以上になります。だから、扱わないのです」といった答えが、マスコミのほうから返ってきているので（前掲『大川隆法政治講演集2009 第4巻 志《こころざし》を崩《くず》さない』参照）、既成《きせい》のところで、それをやっているところはあるということです。

私たちは、長く活動することで、何とかして「市民権」を得ることが大事かと思います。

ただ、かなり開《ひら》いてきつつはあるのです。

普通《ふつう》、新しいものは、一回戦って負けたら、それで諦《あきら》めるものですが、幸福実現党は、六年近く活動しています。

十年活動を続けたら、やはり、〝止《と》める〟ことを諦めてくるでしょう。私の根気が尽《つ》きたら、若い人に頑張ってもらうしかありませんが、こちらには十年程度はもつぐらいの力は、まだあります。

いずれにせよ、正しい者は強くなければいけません。粘らなければいけません。もともとゼロだったのです。ゼロから始めたのです。

ゼロのものから、今、世界百数カ国まで広がったのですから、さらに頑張ろうではありませんか（会場拍手《はくしゅ》）。

あとがき

邪悪《じゃあく》なるものに対して弱腰《よわごし》であってはならない。

国家丸ごと嘘《うそ》つきの国に対しては、「未《いま》だかつて誠《まこと》をもって動かざるものなし」の信念と気概《きがい》を持って臨《のぞ》むべきだ。

大東亜戦争《だいとうあせんそう》は神の意を受けた聖戦であり、激戦の地で戦死した先人たちは英雄である。

世界の歴史の中で、これほど長期にわたって、植民地をつくり、帝国主義的侵略主義を押し進めてきたのは、キリスト教の支配する国々である。

私自身、歴史上のイエス・キリストを天から指導し、彼が「父」と呼んでいた「主《しゅ》」であることを明らかにしている。その天なる父は、日本神道《しんとう》では、天《あめの》御中主神《みなかぬしのかみ》、天照大神《あまてらすおおみかみ》に先立ちてある、天御祖神《あめのみおやがみ》と同一霊存在である。今回、世界の宗教戦争を終わらせる使命を帯《お》びて、私は日本の地に降り立った。

この地球に真なる平和を確立するつもりである。

二〇一五年　四月二十二日

幸福《こうふく》の科学《かがく》グループ創始者兼総裁《そうししゃけんそうさい》　大川隆法《おおかわりゅうほう》

『真の平和に向けて』大川隆法著作関連書籍

『太陽の法』（幸福の科学出版刊）
『奇跡の法』（同右）
『国家の気概』（同右）
『自由の革命』（同右）
『沖縄戦の司令官・牛島満中将の霊言』（同右）
『沖縄の論理は正しいのか？
　――翁長知事へのスピリチュアル・インタビュー――』（同右）
『パラオ諸島ペリリュー島守備隊長 中川州男大佐の霊言』（同右）
『「忍耐の時代」の外交戦略 チャーチルの霊言』（同右）
『プーチン大統領の新・守護霊メッセージ』（同右）

『「特定秘密保護法」をどう考えるべきか』（同右）
『永田町・平成ポンポコ合戦』（同右）
『松下幸之助 日本を叱る』（同右）
『「中日新聞」偏向報道の霊的原因を探る
――小出宣昭社長のスピリチュアル診断――』（同右）
『「集団的自衛権」はなぜ必要なのか』（幸福実現党刊）
『スピリチュアル・エキスパートによる徹底検証「イスラム国」日本人
人質事件の真相に迫る』（里村英一・綾織次郎 編 幸福の科学出版刊）
※左記は書店では取り扱っておりません。最寄りの精舎・支部・拠点までお問い合わせください。
『大川隆法政治講演集２００９ 第４巻 志を崩さない』（幸福実現党刊）

真《しん》の平和《へいわ》に向《む》けて
──沖縄の未来と日本の国家戦略──

2015年4月23日　初版第1刷

著　者　大《おお》川《かわ》隆《りゅう》法《ほう》

発行所　幸福の科学出版株式会社
〒107-0052 東京都港区赤坂2丁目10番14号
TEL(03)5573-7700
http://www.irhpress.co.jp/

印刷・製本　株式会社 東京研文社

落丁・乱丁本はおとりかえいたします

ISBN978-4-86395-672-8 C0030

Photo: 時事 ／ 国土交通省 ／ EPA= 時事 ／ Vranak
©VGL/Geoscience/ARTBANK /amanaimages ／読売新聞アフロ／
Thor Jorgen Udvang Shutterstock.com

大川隆法 霊言シリーズ・先の大戦の意義を考える

沖縄戦の司令官・牛島満中将の霊言

戦後七十年 壮絶なる戦いの真実

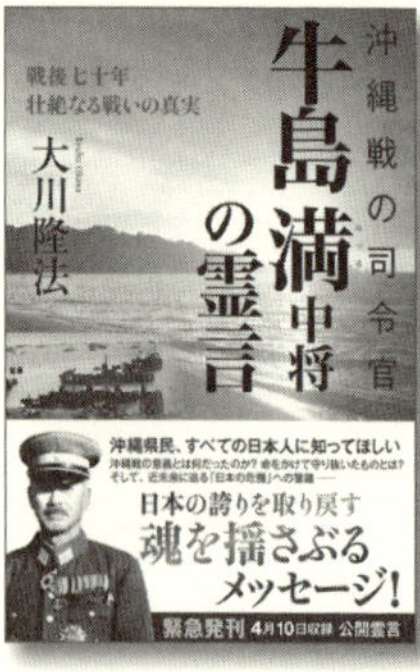

沖縄は決して見捨てられたのではない。沖縄防衛に命を捧げた牛島中将の「無念」と「信念」のメッセージ。沖縄戦の意義が明かされた歴史的一書。

1,400円

沖縄の論理は正しいのか？ ──翁長《おなが》知事への スピリチュアル・インタビュー──

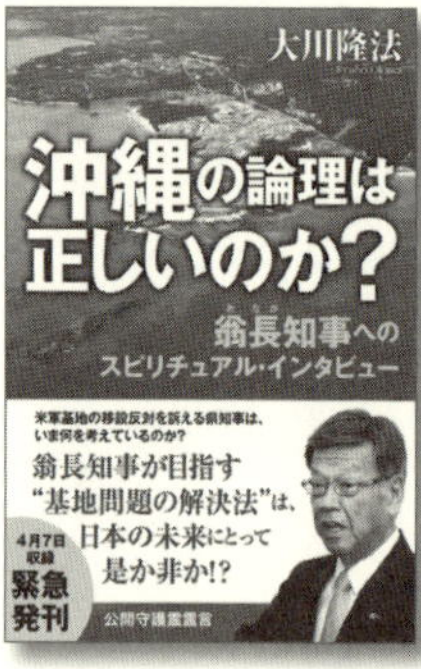

基地移設問題の渦中にある、翁長知事の本心が明らかに。その驚愕の「沖縄観」とは!?「地方自治」を問い直し、日本の未来を指し示す一書。

1,400円

パラオ諸島ペリリュー島守備隊長 中川州男《くにお》大佐の霊言

隠された〝日米最強決戦〟の真実

アメリカは、なぜ「本土決戦」を思い留まったのか。戦後 70 年の今、祖国とアジアの防衛に命をかけた誇り高き日本軍の実像が明かされる。

1,400円

※表示価格は本体価格（税別）です。

大川隆法ベストセラーズ・外交・国防への指針を示す

自由を守る国へ

国師が語る「経済・外交・教育」の指針

アベノミクス、国防問題、教育改革……。国師・大川隆法が、安倍政権の課題と改善策を鋭く指摘！ 日本の政治の未来を拓く「鍵」がここに。

1,500円

国際政治を見る眼

世界秩序《ワールド・オーダー》の新基準とは何か

日韓関係、香港民主化デモ、深刻化する「イスラム国」問題など、国際政治の論点に対して、地球的正義の観点から「未来への指針」を示す。

1,500円

「集団的自衛権」はなぜ必要なのか

日本よ、早く「半主権国家」から脱却せよ！ 激変する世界情勢のなか、国を守るために必要な考え方とは何か。この一冊で「集団的自衛権」がよく分かる。
【幸福実現党刊】

1,500円

幸福の科学出版

大川隆法 製作総指揮
長編アニメーション映画
UFO学園の秘密
The Laws of The Universe Part 0
信じるから、届くんだ。
STORY
ナスカ学園のクラスメイト５人組は、文化祭で発表する研究テーマに取り組んでいた。そんなある日、奇妙な事件に巻き込まれる。その事件の裏には「宇宙人」が関係しており、そこに隠された「秘密」も次第に明らかになって……。超最先端のリアル宇宙人情報満載！ 人類未確認エンターテイメント、ついに解禁！
監督／今掛勇　脚本／「UFO学園の秘密」シナリオプロジェクト
音楽／水澤有一　アニメーション制作／HS PICTURES STUDIO
10月10日、全国一斉ロードショー！
Hi!!!
UFO後進国日本の目を覚まそう！
UFO学園 検索

幸福の科学グループのご案内

宗教、教育、政治、出版などの活動を通じて、地球的ユートピアの実現を目指しています。

宗教法人　幸福の科学

一九八六年に立宗。一九九一年に宗教法人格を取得。信仰の対象は、地球系霊団の最高大霊、主エル・カンターレ。世界百カ国以上の国々に信者を持ち、全人類救済という尊い使命のもと、信者は、「愛」と「悟り」と「ユートピア建設」の教えの実践、伝道に励んでいます。

（二〇一五年四月現在）

愛

幸福の科学の「愛」とは、与える愛です。これは、仏教の慈悲《じひ》や布施《ふせ》の精神と同じことです。信者は、仏法真理をお伝えすることを通して、多くの方に幸福な人生を送っていただくための活動に励んでいます。

悟り

「悟り」とは、自らが仏の子であることを知るということです。教学《きょうがく》や精神統一によって心を磨き、智慧《ちえ》を得て悩みを解決すると共に、天使・菩薩《ぼさつ》の境地を目指し、より多くの人を救える力を身につけていきます。

ユートピア建設

私たち人間は、地上に理想世界を建設するという尊い使命を持って生まれてきています。社会の悪を押しとどめ、善を推し進めるために、信者はさまざまな活動に積極的に参加しています。

国内外の世界で貧困や災害、心の病で苦しんでいる人々に対しては、現地メンバーや支援団体と連携して、物心両面にわたり、あらゆる手段で手を差し伸べています。

年間約３万人の自殺者を減らすため、全国各地で街頭キャンペーンを展開しています。

公式サイト **www.withyou-hs.net**

ヘレン・ケラーを理想として活動する、ハンディキャップを持つ方とボランティアの会です。視聴覚障害者、肢体不自由な方々に仏法真理を学んでいただくための、さまざまなサポートをしています。

公式サイト **www.helen-hs.net**

INFORMATION

お近くの精舎・支部・拠点など、お問い合わせは、こちらまで！

幸福の科学サービスセンター

TEL. **03-5793-1727** （受付時間 火〜金：10〜20時／土・日・祝日：10〜18時）

宗教法人 幸福の科学 公式サイト **happy-science.jp**

幸福の科学グループの教育事業

2015年4月 開学

HSU

ハッピー・サイエンス・ユニバーシティ

Happy Science University

私たちは、理想的な教育を試みることによって、
本当に、「この国の未来を背負って立つ人材」を
送り出したいのです。

（大川隆法著『教育の使命』より）

ハッピー・サイエンス・ユニバーシティとは

ハッピー・サイエンス・ユニバーシティ（HSU）は、大川隆法総裁が設立された「現代の松下村塾」です。「日本発の本格私学」の開学となります。
建学の精神として「幸福の探究と新文明の創造」を掲げ、
チャレンジ精神にあふれ、新時代を切り拓く人材の輩出を目指します。

学部のご案内

人間幸福学部

人間学を学び、新時代を切り拓くリーダーとなる

人間の本質と真実の幸福について深く探究し、
高い語学力や国際教養を身につけ、人類の幸福に貢献する
新時代のリーダーを目指します。

経営成功学部

企業や国家の繁栄を実現し、未来を創造する人材となる

企業と社会を繁栄に導くビジネスリーダー・真理経営者や、
国家と世界の発展に貢献し
未来を創造する人材を輩出します。

未来産業学部

新文明の源流を創造するチャレンジャーとなる

未来産業の基礎となる理系科目を幅広く修得し、
新たな産業を起こす創造力と企業家精神を磨き、
未来文明の源流を開拓します。

校舎棟の正面

学生寮

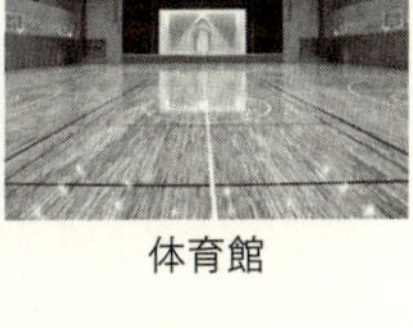
体育館

住所 〒299-4325 千葉県長生郡長生村一松丙 4427-1
TEL.0475-32-7770

教育

学校法人 幸福の科学学園

学校法人 幸福の科学学園は、幸福の科学の教育理念のもとにつくられた教育機関です。人間にとって最も大切な宗教教育の導入を通じて精神性を高めながら、ユートピア建設に貢献する人材輩出を目指しています。

幸福の科学学園

中学校・高等学校（那須本校）
2010年4月開校・栃木県那須郡（男女共学・全寮制）
TEL **0287-75-7777**
公式サイト **happy-science.ac.jp**

関西中学校・高等学校（関西校）
2013年4月開校・滋賀県大津市（男女共学・寮及び通学）
TEL **077-573-7774**
公式サイト **kansai.happy-science.ac.jp**

ハッピー・サイエンス・ユニバーシティ（HSU）
TEL **0475-32-7770**

仏法真理塾「サクセスNo.1」 TEL **03-5750-0747**（東京本校）
小・中・高校生が、信仰教育を基礎にしながら、「勉強も『心の修行』」と考えて学んでいます。

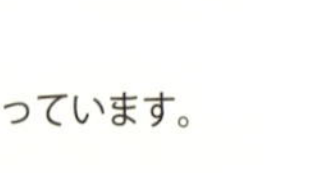

不登校児支援スクール「ネバー・マインド」 TEL **03-5750-1741**
心の面からのアプローチを重視して、不登校の子供たちを支援しています。
また、障害児支援の**「ユー・アー・エンゼル!」運動**も行っています。

エンゼルプランV TEL **03-5750-0757**
幼少時からの心の教育を大切にして、信仰をベースにした幼児教育を行っています。

シニア・プラン21 TEL **03-6384-0778**
希望に満ちた生涯現役人生のために、年齢を問わず、多くの方が学んでいます。

NPO活動支援

学校からのいじめ追放を目指し、さまざまな社会提言をしています。また、各地でのシンポジウムや学校への啓発ポスター掲示等に取り組む一般財団法人「いじめから子供を守ろうネットワーク」を支援しています。

ブログ **blog.mamoro.org**
公式サイト **mamoro.org**
相談窓口 **TEL.03-5719-2170**

政治

幸福実現党

内《ない》憂《ゆう》外《がい》患《かん》の国難に立ち向かうべく、二〇〇九年五月に幸福実現党を立党しました。創立者である大川隆法党総裁の精神的指導のもと、宗教だけでは解決できない問題に取り組み、幸福を具体化するための力になっています。

党員の機関紙
「幸福実現NEWS」

TEL 03-6441-0754
公式サイト hr-party.jp

出版メディア事業

幸福の科学出版

大川隆法総裁の仏法真理の書を中心に、ビジネス、自己啓発、小説など、さまざまなジャンルの書籍・雑誌を出版しています。他にも、映画事業、文学・学術発展のための振興事業、テレビ・ラジオ番組の提供など、幸福の科学文化を広げる事業を行っています。

アー・ユー・ハッピー？
are-you-happy.com

ザ・リバティ
the-liberty.com

幸福の科学出版
TEL 03-5573-7700
公式サイト irhpress.co.jp

THE FACT

ザ・ファクト
マスコミが報道しない「事実」を世界に伝えるネット・オピニオン番組

Youtubeにて随時好評配信中！

ザ・ファクト　検索